张振江 编著

奋进强国
FENJIN QIANGGUO

济南出版社

序言
XU YAN

爱国热情激扬青少力量

爱国主义是推动中国社会前进的巨大力量，是各族人民共同的精神支柱，是社会主义精神文明建设的重要组成部分，更是引导广大青少年树立正确理想信念、培育时代新人的战略工程。

在中华民族五千年的发展历程中，爱国主义激励着一代代中华儿女为祖国的繁荣发展不懈奋斗。从"盘古开天""精卫填海"到"大禹治水""愚公移山"等感人故事中，反映出中华民族不畏艰险、拼搏奉献、创造美好生活的进取基因，为世世代代中华儿女注入了一股"励志兴国"的强大力量。从"岳飞精忠报国""戚继光抵御倭寇"到"文天祥碧血丹心""夏明翰追求真理"的血性胆气中，释放出的是舍生取义、气壮山河"精忠报国"的赤诚情怀。"万里长征雪雕魂""铁流后卫打冲锋""狼牙山捐躯为国"等彪炳史册的壮举，记录了无数优秀中华儿女为救亡图存浴血杀敌，为民族独立和人民解放"铁血建国"的牺牲奉献。中华人民共和国成立以来，中国共产党领导人民以前所未有的爱国热情推动社会主义革命和建设，实现了中华民族有史以来最为广泛和深刻的社会变革。改革开放以来，党领导人民大力弘扬民族精神和时代精神，解放思想，锐意进取，创造了改革开放和社会主义现代化建设的伟大成就。进入新时代，党把实现中华民族伟大复兴的中国梦作为当代中国爱国主义的鲜明主题，团结带领人民推动党和

LOVE MY CHINA

国家事业取得历史性成就、发生历史性变革。在波澜壮阔的革命斗争和建设发展征程中，涌现出许多可歌可泣的英雄模范，像钱学森、雷锋、杨善洲、杜富国等"奋进强国"的先进人物，他们既是爱国主义的杰出代表，又是爱国主义教育的生动教材。

《中华人民共和国爱国主义教育法》于2024年正式实施，标志着爱国主义教育进入崭新阶段。该法规在规定面向全体公民开展爱国主义教育的同时，突出强调要抓好学校和家庭对青少年的教育。要教育引导青少年更好认识和认同中华文明，增强做中国人的志气、骨气、底气。"自古英雄出少年""少年强则国强"。爱国主义成为亿万青少年融入血脉的精神基因，积淀出最深层、最持久、最赤忱的民族情感。爱国主义是党领导青少年成长的一面光辉旗帜，广大青少年坚决响应党的号召，积极投身伟大斗争、伟大工程、伟大事业、伟大梦想的实践，为党和国家事业贡献了青少力量。

青少年朋友们，摆在你们面前的这套"爱我中国"系列图书，是励志的样板、做人的楷模、催征的战鼓，蕴含着榜样和文化的精神能量。青少年们生在伟大的国家，长在伟大的时代，只要铸牢信仰的基石，把祖国和人民放在心中最高位置，就一定能够奏响"请党放心，强国有我"的旋律，用爱国之情、强国之志、报国之行去书写属于你们的壮丽华章吧！

目录

一　科技巨匠钱学森　01

二　服务人民学雷锋　09

三　水稻之父袁隆平　17

四　守边兴疆孔繁森　27

五　林海壮士杨善洲　35

六　为国拼搏罗健夫　43

爱我中国
奋进强国

七	大国重器赞罗阳	51
八	卫国功臣韦昌进	63
九	航天英雄杨利伟	71
十	见义勇为徐洪刚	79
十一	雷场英雄杜富国	87
十二	扶贫先锋黄文秀	95
	后　记	103

FENJIN QIANGGUO

一

科技巨匠钱学森

1949年10月1日,中华人民共和国的成立使客居美国的钱学森心潮澎湃,十多年的辛勤准备,终于到了报效祖国的时候。他向夫人蒋英说:"祖国已经解放,我们该回去了。"那时,钱学森已是世界著名科学家,夫人蒋英也在音乐界享有盛誉。祖国的召唤,使他们毫不犹豫地放弃了国外的一切。历经磨难后,1955年10月,钱学森终于回到了祖国。

钱学森经过深思熟虑,向中国科学院提出了组建力学研究所的建议。1956年1月,力学研究所正式成立,钱学森任第一任所长。在周恩来总理的鼓励下,他起草了《建立我国国防航空工业的意见书》,提出了我国火箭、导弹事业的组织方案、发展计划和具体措施。钱学森的意见书受到党中央高度重视。周恩来同志亲自主持中央军委会议,研究决定成立国家航空工业委员会,同时授命钱学森组建

爱我中国
LOVE MY CHINA

科技巨匠

我国第一个火箭、导弹研究机构——国防部第五研究院。

1956年10月8日，在钱学森归国一周年时，国防部第五研究院宣布成立。钱学森给刚被分配来的156名大学生讲授《导弹概论》，开始培养新中国第一批火箭、导弹技术人才。1957年2月，周总理签署国务院命令，正式任命钱学森为国防部第五研究院第一任院长。其间，钱学森还参加了《1956—1967年科学技术发展远景规划纲要》的制定。这是新中国成立后第一个远大规划。钱学森担任了由12名科学家组成的综合组组长。规划了57项重大研究任务，其中，特别把发展原子能、导弹、电子计算机、半导体、无线电电子学和自动化技术，作为重中之重的最急需项目。这为新中国的科学技术发展奠定了基础。

作为新中国国防科技事业的主要创建者之一，钱学森呕心沥血，做出了历史性贡献。1960年，在他的具体领导下，我国研制成功了第一枚导弹。之后，他又亲自主持我国"两弹结合"的技术攻关和试

验工作，于 1966 年成功发射了我国第一枚核导弹。1965 年，他向中央提出研制发射人造卫星的时机已经成熟，并于 1968 年兼任空间技术研究院首任院长。1970 年，我国第一颗人造地球卫星发射成功，新中国终于迎来了航天时代的黎明。

钱学森始终以共产党员的标准严格要求自己的一言一行。他努力学习马克思主义理论。他说："我在美国是学自然科学工程技术的，一心想用自己学到的科学技术救国，不懂得政治。""回到祖国以后，我通过学习才慢慢懂得马克思主义，懂得政治，感到科学与政治一定要结合。""即便是纯技术工作，那也是有明确政治方向的。不然，技术工作就会迷失方向，失去动力。"他在给一位友人的信中写道："我近 30 年来，一直在学习马克思主义哲学，并总是试图用马克思主义哲学指导我的工作。马克思主义哲学是智慧的源泉！"钱学森十分重视自己的思想建设。在他的书房里，不仅摆满了各种现代科学技术书籍，还有许多哲学、政治学、经济学和文艺理论著作。

钱学森一生获得无数荣誉，但他最看重的是能成为一名优秀的共产党员。1991 年 10 月 16 日，国务院、中央军委在人民大会堂召开授予钱学森"国家杰出贡献科学家"荣誉称号和"一级英雄模范奖章"大会。中共中央领导亲自为他颁奖。但钱学森在讲话中却说："就在今年，我看了王任重同志写的《史来贺传》的序。在这个序里他说中央组织部把雷锋、焦裕禄、王进喜、史来贺和钱学森这五个人作为解放40年来在群众中享有崇高威望的共产党员的优秀代表，我心情激动极了，我现在是劳动人民的一分子了，而且与劳动人民中最先进的分子连在一起了。"

许多了解钱学森的人都说，他虽然是大科学家，但心里始终装着人民。20世纪60年代是我国国防科技事业发展的关键时期，而这时我国正处于三年困难时期，全国人民生活十分困难的时期。为了保证科技专家的正常工作，党和国家想尽办法给以照顾。聂荣臻元帅特意送去一些猪肉，交代是给钱学森补充营养的。有一天，炊事员看见钱学森太劳累，就为他做了一碗红烧肉。平时和颜悦色的钱学森，一下子把脸沉了下来，批评工作人员道："你们知道不知道，现在全国人民都生活困难，连毛主席、周总理都不吃肉了，你们居然给我做红烧肉，党性到哪里去了！"不仅如此，钱学森又把自己刚出版的两部科学巨著的稿费作为党费上交。他说，我要和全国人民共渡难关。

在领导国防科技工作期间，钱学森经常深入地处沙漠戈壁的试验基地。那里自然条件恶劣，人民生活艰辛，给他留下了深刻的印象。退出领导岗位后，他还牵挂着生活在那块土地上的人们，思索着如何用科学改变那里的环境。20世纪80年代中期，他提出了发展沙产业的思想。他说："我国沙漠和戈壁大约16亿亩，和农田面积一样大。沙漠戈壁并不是什么也不长。""沙漠和戈壁的潜力远远没有

发挥出来。""沙产业就是在'不毛之地'搞农业生产,而且是大农业生产。这可以说是又一项'尖端技术'!"他还把自己获得的何梁何利科学技术成就奖奖金100万港元,捐给了促进沙产业发展基金会。

钱学森94岁高龄那年的3月29日,他在解放军总医院的病房里和身边的工作人员进行了一次长谈。他说:"今天找你们来,想和你们说说我近来思考的一个问题,即人才培养问题。我想说的不是一般人才的培养问题,而是科技创新人才的培养问题。"他从美国的大学教育谈到他的老师冯·卡门的教育方法,从自己从事科学研究的体会谈到中国许多著名科学家的成长经历,从"两弹一星"的研制成功谈到我国今后的长远发展。他寓意深长地说:"我们一定要培养会动脑筋、具有非凡创造能力的人才。回国以后,我觉得国家对我很重视,但是社会主义建设需要更多的钱学森,国家才会有大发展。"

这就是钱学森——一位忠诚的人民科学家。

科技巨匠
KE JI JU JIANG

【延伸阅读】两弹一星

"两弹一星"最初是指原子弹、氢弹和人造卫星。后来经过演变"两弹"为核弹（原子弹和氢弹）和导弹，"一星"是人造地球卫星。1960年11月5日，中国仿制的第一枚近程导弹发射成功。1964年10月16日15时，我国第一颗原子弹爆炸成功，中国成为世界上第五个拥有原子弹的国家。1967年6月17日上午8时，我国第一颗氢弹空爆试验成功。1970年4月24日21时，我国第一颗人造地球卫星"东方红一号"发射成功，中国成为第五个发射人造卫星的国家。中国的"两弹一星"是二十世纪下半叶中华民族创建的辉煌伟业。

二十世纪五六十年代是极不寻常的时期,当时中国面对严峻的国际形势。五十年代中期,以毛泽东同志为核心的第一代党中央领导集体,为了保卫国家安全、维护世界和平,高瞻远瞩,果断地做出了独立自主研制"两弹一星"的战略决策。大批优秀的科技工作者,包括许多在国外已经有杰出成就的科学家,以身许国,怀着对新中国的满腔热爱,响应党和国家的召唤,义无反顾地投身到这一神圣而伟大的事业中来。他们和参与"两弹一星"研制工作的广大干部、工人、解放军指战员一起,在当时国家经济落后、技术基础薄弱、工作条件十分艰苦的情况下,自力更生,发愤图强,完全依靠自己的力量,用较少的投入和较短的时间,取得了举世瞩目的辉煌成就。

对于中国而言,"两弹一星"是在非常艰苦、没有外援的环境下取得的成果。而"热爱祖国、无私奉献,自力更生、艰苦奋斗,大力协同、勇于登攀"精神象征了中华民族自力更生、在社会主义之下集中力量从事科学开发研究,并创造"科技奇迹"的态度与过程,组合的元素则为"爱国主义""集体主义""社会主义"与"科学精神",并可以衍生至"科技创新""知识经济"等领域。

"两弹一星"精神,是爱国主义、集体主义、社会主义精神和科学精神的活生生体现,是中国人民在二十世纪为中华民族创造的新的宝贵精神财富。我们要继续发扬光大这一伟大精神,使之成为全国各族人民在现代化建设道路上奋勇开拓的巨大推动力量。

二

服务人民学雷锋

  雷锋出生在湖南望城县简家塘一个贫困的农民家庭，他出生在抗日战争时期，人民生活于水深火热之中。他的家庭被万恶的旧社会弄得支离破碎。在四年多的时间里，他的祖父、父亲、母亲、哥哥、弟弟五位亲人相继死去，小雷锋不满7岁就成了孤儿。雷锋曾在一篇日记中写道："我家里很穷，父、母、哥、弟，都死在民族敌人和阶级敌人的手里，这血海深仇，我永远铭记在心。"

  雷锋的爷爷叫雷新庭，以租种地主田地为生，整年辛苦劳作但仍无法维持家人的生计，最后身染重病，卧床不起。到年关时，地主前来逼债，要雷家在年前还清租债，雷新庭无力偿还，悲愤交集，病情加重，在过年的鞭炮声中含恨死去。雷锋的父亲雷明亮，从小和雷锋的爷爷一起务农。他参加过1929年著名的湖南农民运动。后来大革命失败，雷明亮到长沙市的一家油盐铺当了挑夫。在一次到江边运

爱我中国
LOVE MY CHINA

服务人民

货的过程中，他遭到歹徒毒打，造成重伤吐血，只能带着伤回到家乡种田。1944年，雷明亮被日寇拉去做挑夫，由于反抗遭受毒打，吐血越来越厉害，也没有钱医治，于1945年春天病死。雷锋的哥哥雷振德12岁时离家到天津一家工厂做童工，得了童子痨。由于身染重病，他在工作时突然昏倒在机器旁，被轧伤了手指和胳膊，随后被老板辞退。雷振德带着病残回到家乡，又到一家印染作坊做童工。由于劳累过度，肺病一天天加重，又没钱医治，雷锋的哥哥于1946年也离开了人世。

雷锋6岁的时候，家里只剩下了他和妈妈两个人。雷锋的妈妈也是一个受尽折磨的苦命人，她是铁匠的女儿，生下来几天，由于父母贫穷无力抚养，就把她送进长沙一家育婴堂。简家塘一个姓杨的妇女把她抱回家抚养，在她6岁时把她送给雷家做了童养媳。后来，雷锋的母亲被地主唐四儿子凌辱后自尽。

雷锋成了孤儿，邻居家的六叔奶奶收养了他。他为了帮助家计，常常上山砍柴，可是，当地的柴山全都被有钱人家霸占了，

不许穷人去砍柴。有一天雷锋到蛇形山砍柴，被徐家地主婆看见了，这个地主婆指着雷锋破口大骂，要雷锋把柴运到她家，并抢走了他的砍柴刀，雷锋哭喊着要夺回砍柴刀，可那地主婆竟举起砍柴刀在雷锋的左手背上连砍三刀，鲜血顺着手指滴落在回家的山路上……

　　1949年8月，湖南解放时，小雷锋便找到路过的解放军连长要求当兵。连长没同意，但把一支钢笔送给他。1950年，雷锋当了儿童团团长，积极参加土地改革运动。同年夏天，乡政府供他免费读书，后来他加入了少先队。

　　1956年夏天，雷锋小学毕业后在乡政府当了通信员，不久调到望城县委当公务员，被评为机关模范工作者，并于1957年加入共青团。1958年春，雷锋到团山湖农场，只用了一周的时间就学会了开拖拉机。同年9月，雷锋响应支援鞍钢的号召，到辽宁鞍山做了一名推土机手。翌年8月，他又来到条件艰苦的弓长岭焦化厂参加基础建设，曾带领伙伴们冒雨奋战保住了7200袋水泥免受损失，当时的《辽阳日报》报道了这一事迹。在鞍山和焦化厂工作期间，他曾3次被评为先进工作者，5次被评为红旗手，18次被评为标兵，并荣获"青年社会主义建设积极分子"的光荣称号。

　　1959年12月征兵开始，雷锋迫切要求参军，焦化厂领导舍不得放他走。雷锋跑了几十里路来到辽阳市兵役局（现人民武装部）表明参军的决心。他身高只有1.54米，

体重不足55公斤，均不符合征兵条件，但因政治素质过硬和有经验技术，最后被破例批准入伍。参加人民解放军后，他被编入工程兵某部运输连四班。他全心全意为人民服务，只要是对人民有利的事，都心甘情愿地去做。因入伍后表现突出，原沈阳军区《前线报》开辟了"向雷锋学习"的专栏。不到三年的时间里，他荣立二等功一次、三等功两次，被评为节约标兵，荣获"模范共青团员"，出席过沈阳部队共青团代表会议。1960年11月，他加入了中国共产党，并被选为抚顺市人民代表大会代表。1962年8月15日，雷锋因公殉职，年仅22岁。

虽然他的生命只度过短短22个春秋，可是他那闪耀着共产主义思想光辉的崇高精神却长留人间。他的爱憎分明、言行一致、公而忘私、奋不顾身、艰苦奋斗、助人为乐，把有限的生命投入到无限的为人民服务之中去的崇高精神，集中体现了中华民族的传统美德和共产主义道德品质。

1963年1月7日，国防部命名雷锋生前所在班为"雷锋班"。1963年3月1日，朱德题词"学习雷锋做毛主席的好战士。"1963年3月5日，毛泽东题词"向雷锋同志学习。"1963年3月6日，刘少奇题词："学习雷锋同志平凡而伟大的共产主义精神。"周恩来的题词为"向雷锋同志学习：憎爱分明的阶级立场，言行一致的革命精神，公而忘私的共产主义风格，奋不顾身的无产阶级斗志。"此后，掀起全国人民特别是青少年向雷锋学习的热潮。如今每年的3月5日成了全民集中学雷锋的日子。

雷锋是一位伟大的共产主义战士、全心全意为人民服务的楷模。雷锋的一生，是把有限的生命投入到无限的为人民服务之中的一生。他以"钉子"精神，刻苦学习马列主义、毛泽东思想，坚持理论联系实际，努力实践，因而具备了全心全意为人民服务的无私忘我的奉献精神。由于他热心辅导少年先锋队，1963年3月23日，共青团中央特决定追认他为"全国优秀少先队辅导员"。

2019年，雷锋被评为"最美奋斗者"。2021年9月，党中央批准了中宣部梳理的第一批纳入中国共产党人精神谱系的伟大精神，"雷锋精神"被纳入其中。

雷锋永远活在亿万人民心中！

服务人民
FU WU REN MIN

【延伸阅读】雷锋精神

　　雷锋精神是以雷锋同志的名字命名，以雷锋的精神为基本内涵，是在实践中不断丰富和发展着的革命精神。

　　雷锋精神内容为热爱党、热爱祖国、热爱社会主义的崇高理想和坚定信念；服务人民、助人为乐的奉献精神；干一行爱一行、专一行精一行的敬业精神；锐意进取、自强不息的创新精神；艰苦奋斗、勤俭节约的创业精神。

　　2013年3月6日，习近平总书记参加第十二届全国人大一次会议辽宁代表团的审议，他强调雷锋精神的核心是信念的能量、大爱的胸怀、忘我的精神、进取的锐气，这

也正是我们民族精神的最好写照。2014年3月11日，习近平总书记出席第十二届全国人大二次会议解放军代表团全体会议，他对某工兵团"雷锋连"指导员谢正谊说："雷锋精神是永恒的，是社会主义核心价值观的生动体现。"

雷锋精神，是对雷锋的言行和事迹所表现出来的先进思想、道德观念和崇高品质的理论概括和总结；就广义而言，已升华为以雷锋的名字命名的、以雷锋的崇高品质为基本内涵的、在实践中不断丰富和发展着的、为人们所敬仰和追求的精神文化。

雷锋生活的年代是国民经济和社会发展极端困顿、集体主义价值观被强烈推崇、人们的思想观念非常单纯、利益需求非常趋同的时代。正是这样的时代，孕育出了以"心里永远装着别人，唯独没有他自己"为核心理念支撑的雷锋精神。那么，在市场经济快速发展、物质生活日益丰富、价值取向趋于多元的今天，雷锋精神是否过时了呢？答案是否定的。雷锋精神永远不会过时，因为它与中华民族的传统美德和伟大的民族精神是联系在一起的。同时，雷锋精神应该具有与时俱进的品质，应该保持其实质与内核不变的情况下，使其内容和形式体现时代性、把握规律性、富于创造性、具有实效性。要实现雷锋精神的时代化，使雷锋精神在新时代绽放出更加璀璨的光芒。

水稻之父袁隆平

1930年9月7日,袁隆平出生在一个条件优越的书香门第。

袁隆平在武汉一所小学上一年级的时候,老师带班上的孩子去学校附近的园艺场郊游,这次经历如同在袁隆平心中种下了一颗小小的种子,让儿时的袁隆平对于农业产生了浓厚的兴趣。随着年纪的增长,农业科学的种子在袁隆平内心深处不断地生根发芽。19岁的袁隆平意气风发,即将高中毕业的他,面临着报考大学的选择。父亲希望他能够报考南京的重点大学,但是袁隆平有着自己的想法,坚持想回到重庆读农学院。

虽然出身条件优越的他衣食无忧,但是当时的中国百废待兴。儿时的田园梦和战争时人们食不果腹的场景不断交织在他的脑海中。那时的他就明白,口粮问题关系到一个民族的存亡和盛衰。在说服了父母之后,他义无反顾地踏上了去往重庆相辉农学院求学的道路。1952年夏天,国

爱我中国
LOVE MY CHINA

水稻之父

家在全国高校中选拔一批学生去空军当飞行员，准备参加抗美援朝。袁隆平一路过关斩将，最后全校只有8个人录取，袁隆平就是其中之一。但结果让袁隆平失望了，原来国家下了命令，当时全国大学生很少，国家不忍心把他们送上战场，给全部退了回来，希望他们以后能在建设祖国的事业中出更多的力。虽然遗憾错过了这次报效祖国的机会，但是这也让袁隆平更加沉下心来在学校进行科学研究。既然无法扛枪为国争战，就在农学院好好学习将来也能为祖国的建设贡献力量。袁隆平从农学院毕业了，他的毕业证上烫印着五个大字——为人民服务。

此时的袁隆平毅然在毕业分配志愿书上写下一行大字：到最艰苦的地方去，到祖国最需要的地方去。告别了重庆，告别了那激情燃烧的青春岁月，他来到了距离黔阳县安江镇4公里的安江农业学校担任支教老师。放弃了舒适的生活，放弃了优渥的条件，袁隆平坚持在激流中勇敢前进。他反复地告诫自己，自己是一颗种子，不管在任何地方，都会生根发芽。

"侠之大者，为国为民"。中华人民共和国成立后，为中国人争一口气，为国家做贡献是大学生们内心的信仰，袁隆平也不例外。一向喜欢探索与创造的袁隆平，经常利用大量的课余时间去阅读国内外多种农业科技杂志开阔视野。他学习的是遗传育种专业，对孟德尔、摩尔根的遗传学很感兴趣，这为他后来走上研发杂交水稻之路埋下了一个伏笔。1953年，全国土地改革时期，因为遇上灾荒，大家只能忍饥挨饿过日子。亲身体验过艰难生活的袁隆平意识到中国的粮食问题必须要尽快解决。后来他在接受记者采访时表示，中国人的饭碗要端在自己手里，不要靠人家。于是他一头扎进了稻田中，即便他并不是坐在实验室中的科研人员，只是一名普通的农校教师。1961年7月的一天，袁隆平在稻田之中发现了一株特殊的水稻，而这一株水稻改变了他的人生。当时袁隆平非常高兴，认为找到了优良品种，于是将它播种下1000株，可是播下去的稻子生长的并没有预期的好。虽然这个小实验失败了，却让袁隆平有了另一种思维。他想到，这可能是一株天然杂交稻，那么为何不通过人工方法，利用杂种优势培养更优良的杂交水稻呢？

一场伟大的探索就此展开。1964年到1965年间，他弓着腰在稻田里反复检查，找到了六株雄性不育株。袁隆平当时认为，通过培育雄性不育株，杂交水稻可以大幅度提高产量。因为当时西方的农学主流观点就是水稻等自花

授粉作物并没有杂种优势，但是袁隆平更愿意用事实说话。他说："我一直有两个梦想，一个是禾下乘凉梦，一个是杂交水稻覆盖世界梦。"

1965年7月，袁隆平找到的六株雄性不育株，其中共有四株成功繁殖，而这个研究彻底推翻了无性杂交学说，并推论水稻亦有杂交优势。

他又不辞辛劳地辗转湖南、云南、海南等多地进行实地调研。1970年，袁隆平发现一株花粉败育的雄性不育野生稻，将它命名为"野败"。一年之后，袁隆平率领全国十多个省的科研人员齐聚海南展开科研大攻关，就"野败"展开研究。1973年，在第二次全国杂交水稻科研协作会上，袁隆平站在台前铿锵有力地宣布："籼型杂交水稻三系配

套成功。"这也标志着我国水稻杂交优势利用研究取得重大突破。籼型杂交水稻三系配套凝结着袁隆平多年的心血，此时的他想到了在安江农校试验田中的日日夜夜，想到了水稻意外被拔光的心痛，想到了在农学院毕业证上烫印的"为人民服务"。他坚信中国人民吃不饱饭的问题，将会得到根本性的解决。

袁隆平的努力终于得到了回报。据可靠数据统计，籼型杂交水稻可以平均增产20%，这就意味着每年可以多养活7000万人口。从1986年开始，袁隆平开始研究产量与品质更高的两系杂交稻。到1995年，两系杂交水稻取得突破性进展，我国又开始大面积推广两系稻。两系稻比三系稻可以增产750～1500公斤，而且米质也有了很大提高，百亩示范田的平均亩产到2004年达到了800公斤，2011年900公斤，2014年1000公斤，2017年1100公斤……这一系列的数据代表着中国不再受到粮食短缺的困扰，并且还成了全世界数一数二的粮食出口国。

2021年5月22日，"共和国勋章"获得者、首届国家最高科学技术奖获得者、中国工程院院士袁隆平在湖南长沙逝世。袁隆平一生不畏艰辛，执着追求，潜心科研，几十年如一日，坚持把论文写在祖国的大地上，用行动践行担负国家粮食安全的赤诚初心和使命责任。

水稻之父

SHUI DAO ZHI FU

【延伸阅读】粮食安全

仓廪实，天下安。无农不稳，无粮则乱。

保障粮食和重要农产品稳定安全供给始终是农业强国的头等大事。农业强国必须具有强大的粮食生产能力，能够保持自身充足稳定的粮食安全供应；具有发达的农业科技能力，能够实现粮食的稳产高产以满足不断增长的粮食需要；具有健全的农业产业体系，能够保障农业产业链供应链稳定运转；具有健康的生态系统，能够保证农业可持续发展；具有强大的国际竞争力，能够影响全球粮食价格和贸易方式。生产能力、科技能力、产业体系、生态系统、

国际竞争力等要素共同发挥作用，将决定一个国家的粮食安全水平，也奠定一个国家走向农业强国的基础。

对于中国特色农业强国建设来说，粮食安全是关系经济发展和社会稳定的全局性重大战略问题，是国家安全的重要基础。

首先，粮食安全是经济发展与社会稳定的根本保障。对于中国这样的人口大国来说，保持自身粮食安全具有独特重要性。没有粮食安全，就没有国家稳定，更谈不上建设农业强国。稳固了中国的粮食安全底板，也将为世界的粮食安全稳定做出重大贡献。其次，粮食安全是农业可持续发展的根本前提。建设农业强国，不仅要求实现粮食稳定供给，更要求实现农业永续发展。粮食安全在强调长期稳定供应的同时，兼顾生态保护和资源可持续利用，体现出资源环境的可承载性和农业要素利用的可延续性。

此外，粮食安全是维护国家安全的重要支撑。保持粮食供应的稳定性和可靠性，可以减少外部不确定性因素的冲击，确保国家政策制定和实施的自主性。建设农业强国需要减少粮食生产领域的外部依赖，通过确保粮食自给自足来掌握粮食安全主动权，进而掌控经济社会发展大局，维护国家安全与发展利益。

党的十八大以来，我国粮食安全保障能力显著增强，"中国粮食、中国饭碗"成色更足。但也要清醒认识到，保障粮食安全是一个永恒课题，任何时候这根弦都不能松。

坚持实施藏粮于地，确保粮食安全的物质基础。一方面，要保护耕地数量稳定粮食总量。健全种粮农民收益保障机制与主产区利益补偿机制，实行最严格的耕地保护制度，严格耕地占补平衡管理，严格控制耕地转为其他农用地，加大撂荒耕地利用力度，加强对破坏耕地行为整治。另一方面，要提升耕地质量促产量增长。加强高标准农田和水利基础设施建设，实施国家黑土地保护工程，加快推进盐碱地等耕地后备资源综合开发利用。

加快推进藏粮于技，提高粮食安全的创新能力。深入实施种业振兴行动，加强农业种质资源保护利用，加快种源等关键核心技术攻关，推进生物育种新技术应用，确保重要农产品种源自主可控。提升农业机械装备研发应用水平，提高农业劳动生产率。重点扶持种业企业等农业科技创新主体，整合优势资源支持农业科技创新平台建设，提升农业科技创新水平。推动绿色技术进步与应用，实现农业可持续发展。

只有农业强起来，粮食安全有完全保障，我们稳定大局、应变局、开新局才有充足底气和战略主动。一个国家只有立足粮食基本自给，才能掌握粮食安全主动权，进而才能掌握经济社会发展大局。这就要求我们始终紧绷粮食安全这根弦，牢牢掌握粮食安全主动权。

"五谷者，万民之命，国之重宝。"对我们这样一个有十四亿多人口的大国，手中有粮，心中不慌，任何时候都是真理。

"洪范八政，食为政首。"世界上真正强大的国家、没有软肋的国家，都有能力解决自己的吃饭问题。对粮食生产，习近平总书记一直都很关注，基层调研时也经常到田间地头看一看。在2013年、2017年、2020年和2022年中央农村工作会议上，以及在湖南、广西等地考察时，习近平总书记多次强调，粮食安全是战略问题。我国是人口众多的大国，无论社会现代化程度有多高，解决好吃饭问题，始终是治国理政的头等大事。

习近平总书记指出，要牢记历史，在吃饭问题上不能得健忘症，不能好了伤疤忘了疼。虽然我国粮食生产连年丰收，但这就是一个紧平衡，而且紧平衡很可能是我国粮食安全的长期态势。我国耕地就那么多，潜力就那么大，在粮食问题上不可能长期出现高枕无忧的局面。随着人口增加、城镇化推进、人民生活水平提高，粮食需求量将呈刚性增长趋势。今后一个时期粮食需求还会持续增加，供求紧平衡将越来越紧，再加上国际形势复杂严峻，确保粮食安全的弦要始终绷得很紧很紧。粮食生产年年要抓紧，面积、产量不能掉下来，供给、市场不能出问题。

四

守边兴疆孔繁森

孔繁森，1944年7月出生，山东聊城人。1961年应征入伍，1966年9月加入中国共产党。复员后回到聊城，先后任聊城技工学校革委会副主任、共青团聊城地委常委、中共聊城地委宣传部副部长。

1979年，国家要从内地抽调一批干部到西藏工作，时任地委宣传部副部长的孔繁森主动报名，并请人写了"是七尺男儿生能舍己，作千秋鬼雄死不还乡"的条幅。1979年4月，孔繁森告别年逾古稀的老母、体弱多病的妻子和三个尚处幼年的孩子，怀着"青山处处埋忠骨，一腔热血洒高原"的壮志，到西藏自治区岗巴县任县委副书记兼县检察院检察长。此时，党的十一届三中全会刚刚召开，为了在农牧区推广家庭联产承包责任制，带领群众脱贫致富，他亲自到一个乡试点，又把经验在全县推广。他心系藏区百姓，到处访贫问苦，宣传党的政策，和群众一起收割、打

爱我中国
LOVE MY CHINA

守边兴疆

场、挖泥塘，与当地群众结下了深厚的情谊。有一次，他骑马下乡，从马背上摔下来，昏迷不醒。当地的藏族群众抬着他走了30里山路，把他送到医院抢救。1981年，孔繁森奉调回鲁离开岗巴时，藏族同胞依依不舍地含泪为他送行。而孔繁森也对西藏、对藏区人民产生了深厚的情谊。回到山东后，他曾表示："我这条命，是藏族老百姓给捡回来的。如果有机会，我愿再次踏上那片令人终生难忘的土地，去工作，去奋斗！"

1988年，山东省再次选派进藏干部。此时已任聊城行署副专员的孔繁森毅然二次进藏，任拉萨市副市长，分管文教、卫生和民政工作。为了发展当地教育事业，他跑遍了全市8个区县所有公办学校和一半以上的乡办、村办小学，使拉萨的适龄儿童入学率从45%提高到80%。全市56个敬老院和养老院，他走访过48个，给孤寡老人送去了党和政府的温暖。因西藏偏远地区医疗卫生条件较差，他每次下乡时都特地带一个医疗箱，买上数百元的常用药，送给急需的农牧民。一个医药箱虽

然解决不了所有问题，但对接受治疗的患者来说，却往往是雪中送炭。

1992年，拉萨市墨竹工卡等县发生强烈地震，孔繁森在羊日岗乡的地震废墟上，发现并领养了三个失去亲人和家园的藏族孤儿。一个人孤身在外，既要工作，又要带孩子，辛苦和劳累可想而知。收养孤儿后，孔繁森在生活上更加拮据。1993年，他先后献血900毫升，共收取医院按规定付给的营养费900元，都用于生活补贴。1994年9月，孔繁森被国务院授予"全国民族团结个人"称号。

1992年12月，二次赴藏本已期满，但由于工作需要，他又到条件更为艰苦的阿里地区任地委书记兼阿里军分区党委第一书记、地区政协主席。阿里地处西藏西北部，平均海拔4500米，被称为"世界屋脊的屋脊"。这里地广人稀，常年气温在零摄氏度以下，最低温度达零下40多摄氏度，每年7级至8级大风占140天以上，自然环境恶劣，生活条件艰苦。

由于历史原因和自然条件，当地的经济发展比其他地区缓慢，群众生活比较贫困。从到达阿里开始，孔繁森就马不停蹄地调查研究，分析情况，寻找适合阿里发展的方法和契机。在不到两年的时间里，他跑了全区106个乡中的98个，行程8万多公里，寻求阿里地区摆脱贫困、实现富裕的振兴之路。阿里是西藏最偏僻和平均海拔最高的地区，外出时常常一天也看不到一个人影。他和同事们饿了

就吃风干的牛羊肉，渴了就喝山上流下来的雪水。旅途中虽然艰苦，孔繁森却十分乐观，并风趣地对随行人员说："快尝尝，这是上等的矿泉水，高原没有污染，等我们开发出来了，让外国人花美元来买！"

在孔繁森的勤奋工作下，阿里经济得到了较快的发展。1994 年，全地区国民生产总值超过 1.8 亿元，比上年增长 37.5%；国民收入超过 1.1 亿元，比上年增长 6.7%。他为了制订把阿里地区的经济带上新台阶的规划，准备在最有潜力的边贸、旅游等方面下功夫。为此，他带领有关部门，亲自到新疆塔城进行边贸考察。也就是在这次考察返程的途中，1994 年 11 月 29 日，孔繁森不幸发生车祸，以身殉职，时年 50 岁。

人们在料理孔繁森的后事时，看到两件遗物：一是他仅有的8元6角钱；一是他去世前四天写的关于发展阿里经济的12条建议。孔繁森留下的遗产体现出一名共产党员的高尚情怀和崇高精神。

孔繁森的葬礼上，悬挂着一副挽联，形象地概括了孔繁森的一生，也道出了藏族人民对他的怀念：

一尘不染，两袖清风，视名利安危淡似狮泉河水；

两离桑梓，独恋雪域，置民族团结重如冈底斯山。

孔繁森牺牲后，党和国家领导人分别为他题词。中央发出通知，在全国范围内开展"向孔繁森同志学习"的活动。孔繁森被中央组织部追授"模范共产党员""优秀领导干部"的光荣称号，被国务院追认为"全国先进工作者"，被评为"100位新中国成立以来感动中国人物"之一。

守边兴疆

SHOU BIAN XING JIANG

【延伸阅读】青藏高原

青藏高原是众山之母，是中国最大、世界海拔最高和最年轻的高原，被称为"世界屋脊"。东西长约 2800 千米，南北宽约 300～1500 千米，总面积约 250 万平方千米，包括中国西藏自治区全部和青海省、新疆维吾尔自治区、甘肃省、四川省、云南省的部分，不丹、尼泊尔、印度、巴基斯坦、阿富汗、塔吉克斯坦、吉尔吉斯斯坦的部分或全部。人们形象地把中国地形图上的青藏高原比喻成一只棕褐色的驼鸟。在这块由板块碰撞叠加成的高天厚土上，耸立着许多世界著名的山脉和高峰。

青藏高原的自然历史发育极其年轻，地势的极大隆起及其能产生的强烈热力、动力作用，以及面积辽阔、地形复杂，加之纬度较低，故自然环境十分独特，形成了全世界最高、最年轻而水平地带性和垂直地带性紧密结合的自然地理单元。高原腹地年平均温度在 0℃ 以下，大片地区最暖月平均温度也不足 10℃。

青藏高原一般海拔在 3000～5000 米之间，平均海拔 4000 米以上，为东亚、东南亚和南亚许多大河流发源地，山岭海拔超过 6000 米，高峰终年积雪；地形上可分为藏北高原、藏南谷地、柴达木盆地、祁连山地、青海高原和川藏高山峡谷区等六个部分。高原上湖泊众多，有纳木错湖、青海湖等。

青藏高原光照和地热资源充足。高原上冻土广布，植被多为天然草原。青藏高原也是中华民族的源头地之一和中华文明的发祥地之一，在华夏文明史上流传的伏羲、炎帝、烈山氏、共工氏、四岳氏、金田氏和夏禹等都是高原古羌人。青藏高原上的居民以藏族为主，形成了以藏族文化为主的高原文化体系。

五

林海壮士杨善洲

1965年的一天，一位头戴竹叶帽、脚穿草鞋的中年人来到施甸县保场公社，打听公社领导在哪里。接待的同志一看来了个农民，而领导正准备接待县委书记，就随口打发说"领导不在"。

中年人一听没作声，转身就去村子里面转悠了。过了约定好的时间，公社领导仍然没见到县委书记，仔细一打听才知道是接待员把县委书记当成农民给打发走了……这位县委书记就是杨善洲。

下乡经常随身携带锄头，还喜欢戴草帽、穿草鞋……杨善洲1951年参加工作，先后任云南省施甸县委书记、保山地委书记等职，始终保持着淳朴的农民本色，被群众亲切地称为"草鞋书记"。

面色黝黑、双手长满老茧的杨善洲，喜欢下乡和农民一起锄田、栽秧，走家串户体察农民疾苦。一辈子爱和农

爱我中国
LOVE MY CHINA

林海壮士

民一起劳动的他,把与群众一起劳动当作了解基层的重要方式。"和农民在一起了解到的情况最真实。"他说。

1985年,保山市昌宁县金华乡遭受严重水灾,时任保山地委书记的杨善洲立即开会提议暂停在建的地委办公大楼,把资金用来救灾。有些同志有意见,杨善洲反问:"如果眼看着人民群众受苦,我们却悠闲地坐在富丽堂皇的大楼里,你不觉得有愧吗?"

杨善洲带领着保山干部群众迎难而上,大胆探索出一系列改革实践举措,在较为贫瘠的家乡播撒经济社会发展的种子,逐渐把保山建成"滇西粮仓",工业、建筑业实现从无到有。

"山不绿,地瘦薄,这是山里的穷根子。"1988年3月,61岁的杨善洲从保山地委书记的岗位上退休后,主动放弃进省城昆明安享晚年的机会,卷起铺盖扎进大亮山,带领乡亲们植树造林。

"大亮山、大亮山,半年雨水半年霜,前面烤着栗柴火,后面下着马牙霜……"在极度恶劣的环境中,最初用树枝搭

的窝棚，不到半年就被风吹烂了。杨善洲就领着林工一边造林，一边建房，花了7000元修建起40间油毛毡房。山里风大、雨多、潮湿，杨善洲在油毛毡房一住就是九年多。

改变荒山秃岭需要大量树苗，可没有资金去哪弄树苗呢？很长一段时间里，杨善洲时常和林工们带上工具，到处寻找树苗。"端阳花市"是保山的传统节日，每年他都带头到花市街上捡果核，实在捡不完，就发动林工一起去捡。没有肥料，大家提着粪箕到村寨路上捡牛马猪粪作底肥；没有资金，杨善洲奉上一张笑脸，多次到省市相关部门跑项目……

一个个小果核，在岁月轮回中渐渐长成一棵棵枝繁叶茂的果树。二十二载辛勤耕耘，杨善洲带着干部群众，植树造林5.6万亩，让大亮山披上绿装。他还带领大家修建林区公路18公里，架设输电线路4公里多，让大亮山附近的群众过上通路通电的生活。

1988年10月的一天清晨，杨善洲带着林工自学洪上山查看刚种下不久的树苗。临近中午，他们在山坡上休息。"老书记您为什么要来种树啊，在城里享福不是很好吗？"自学洪不解地问。老书记随后意味深长地说："我是吃百家饭、穿百家衣长大的，是党培养了我，家乡养育了我。大亮山光了，没有人牵头，我要把林子造起来，好好做一件事。"

2009年4月，杨善洲把价值3亿元的大亮山林场经营管理权无偿移交给国家。他说："这笔财富从一开始就是国家和群众的，我只是代表他们在植树造林。实在干不动了，我只能物归原主。"

2010年7月，杨善洲最后一次上大亮山，病重的他喘得很厉害，每走几步就要停下来歇歇。望着自己种下的树，老人笑得很开心。"我现在来得少了，你们要记住，树木成材后一定要按合同给老百姓分成。"他特意叮嘱林场负责人。

2010年10月10日，83岁的杨善洲告别人世，留下一片绿洲。为纪念老书记，大亮山林场此后更名为"善洲林场"。2014年12月，杨善洲干部学院挂牌成立。如今，这里的课堂上坐满了来自全国各地的学员。

已是惠泽在，犹有余香存。曾经山秃水枯的大亮山如今林木葱郁，溪流淙淙。大亮山的森林覆盖率也从1988年的不足17%升至如今的97.17%。

"父亲只是做了一名共产党员应该做的事情。"如今，杨善洲的二女儿、施甸县委党校教师杨惠兰时常在杨善洲干部学院讲述家教家风。她说："父亲的精神是一笔宝贵的财富，我们将以他为榜样不断前行。"

林海壮士

LIN HAI
ZHUANG SHI

【延伸阅读】中国的林业资源

中国有着丰富的林业资源，目前森林面积有34.65亿亩，森林覆盖率24.02%，预计在2035年将达到26%的峰值。

国家林草局指出，现在需要及时将大规模国土绿化重点从注重增加森林面积转向面积与质量并重，并将工作重心向提高森林质量倾斜，加强森林可持续经营迫在眉睫。森林可持续经营，指的是在可持续发展理念指导下，遵循自然规律和经济社会发展规律，通过实施科学经营措施，促进森林质量提升和保持森林生态系统健康稳定。在更高水平上持续发挥森林的生态、经济、社会等多种功能。

最新调查结果显示，我国现有可用于造林的地块，大部分在降雨线400毫米以下的西北、华北地区，扩大森林面积空间有限。我国森林质量存在明显的短板，平均每公顷的蓄积为95.02立方米，约为全球平均水平的69%，不到德国的三分之一。每公顷森林蓄积的年生长量仅为德国的二分之一，林地生产力远远没有发挥出来。目前，全国森林中，树龄相对年轻的中幼龄林19.1亿亩，占森林总面积的63.7%，每公顷蓄积仅有66.16立方米，比全国森林每公顷平均蓄积少近30立方米。提高中幼龄林蓄积和质量的空间潜力巨大。

《全国森林可持续经营试点实施方案（2023—2025年）》印发，在全国选择310个单位，进行森林可持续经营试点。森林可持续经营分为人工林和天然次生林两大类，采取分区施策，按东北地区、华北地区、西北地区、南方地区、西南地区进行布局。

北京市西山试验林场是全国森林可持续经营的试点之一，建立示范林是这个林场推进森林可持续经营的重要举措。林场都是人工林，示范林是在原有人工林的基础上建成的。首先是景观的示范，比如种植油松，它高大挺拔又翠绿，有一定的美学价值。另外，通过把一些长得不好的树木采伐掉，给保留下来的树木提供一个更大的生长空间，保留下来的树木的生长量会更大，碳汇能力也会增强。

江西省安福县明月山林场是全国森林可持续经营试点之一，这里有大量天然次生林，林场试点的主要做法是对天然低质低效次生林进行改造提升。经全面排查，明月山林场有天然低质低效次生林20万亩，占全场森林面积近40%。我们实施森林质量精准提升工程，补植珍稀乡土阔叶树种，调整改善森林结构，提升天然次生林森林质量。

按照部署，到2025年，全国各个试点主要类型的林分结构更加优化，森林生态系统服务功能和固碳能力得以增强。同时，试点工作纳入林长制督查考核范畴，对试点任务完成和取得成效情况进行考核评价。

按照国家林草局的工作部署，我国确定了森林可持续经营的目标。通过森林可持续经营，预计用20到30年，我国森林单位面积生长量可提高50%。届时森林蓄积年生长量将达到13.7亿立方米，比现在多增加生长量4.6亿立方米，多增加木材产出3.5亿立方米，将有效增强木材供给能力。

到2060年，我国森林碳汇功能将进一步巩固提升，年均吸收二氧化碳当量能够达到18亿到24亿吨，比现在多增加6亿到9亿吨。同时，林农每年每亩可以增加收入大概300元。

今后，将持之以恒开展森林可持续经营，坚持不懈实施森林质量精准提升工程。在较高水平上发挥森林的经济、生态和社会效益，增加经济发展环境容量，筑牢国土生态安全屏障，促进人民群众安居乐业，助力美丽中国建设。

六

为国拼搏罗健夫

　　1935年9月，罗健夫出生于湖南省湘乡县城关镇。1951年参军，1956年考入西北大学原子物理系。大学毕业后，他先后在西北大学、中国科学院西安电子计算机技术所、航天工业部陕西骊山微电子公司工作。1982年6月因病去世。他的一生矢志不移、本色不变，用实际行动诠释了一名优秀共产党员的使命担当，激励着一代又一代科技工作者接续奋斗、勇攀高峰。

　　罗健夫一生热爱学习、酷爱钻研，在部队时他利用业余时间，自学高中全部课程，考入西北大学。纵观他的科研经历，从开始主修原子核物理专业，到后来研究计算机电源、半导体设备，再到专攻图形发生器设计。不管专业领域怎么变，罗健夫始终坚持干一行爱一行，学一行专一行，凭借着求真务实的科学态度和永不服输的奋斗精神在科研道路上不断前行。

爱我中国
LOVE MY CHINA

为国拼搏

为了钻研业务,罗健夫恨不得把每一分钟都利用起来,经常利用坐公交车等零碎时间研读专业书籍。1968年,在参加北京电机厂技术攻关期间,有一次他在公交车上看书坐过了几站才发现,下车等车时,又因为低头看书,接连错过了几趟车,最后还是原来那趟车调头返程时,售票员又看见了他才把他喊上车。

1969年,罗健夫随单位从北京迁往西北地区,开始主持图形发生器的研制任务。为了填补国家在这方面的空白,他夜以继日地刻苦钻研,迅速掌握了精密机械制造、电子线路应用、集成电路设计、自动化控制等多方面的专业知识,甚至为了了解国外的前沿技术,还挤出时间自学掌握了第二外语。4000多个日夜,他的所有周末和休息时间都是在书店和图书资料室度过的,同事们任何时候见到罗健夫,都是看到他腋下夹着或怀里抱着学习资料。在大家的印象中,罗健夫永远都对工作充满激情、对钻研不知疲倦。

正是在罗健夫的带动下,771研究所从零开始,先后在1972年研制出国内首

台图形发生器，1975年又研发出Ⅱ型图形发生器，成功实现了国内这方面技术从无到有的历史性突破，为国内航天电子工业的发展做出了突出贡献。1978年，罗健夫荣获全国科学大会奖，但他并未满足于已有成绩、就此止步，为了进一步提升图形发生器的精密性能，他毅然向Ⅲ型图形发生器发起冲击，至离世时已独立完成全部电控有关设计。

如果以一本书来比照罗健夫的生平，那一定是《钢铁是怎样炼成的》。他始终像书中主人公保尔·柯察金一样，一刻不停地去战斗、去拼搏、去奉献。他在笔记本上抄写下书中的名言："人最宝贵的东西是生命，生命对于我们只有一次，人的一生应当这样度过，当他回首往事时不因虚度年华而悔恨，也不因碌碌无为而羞耻……"罗健夫40多年的人生经历，也是时时处处都在践行着这一诺言。

同事们都说"老罗工作起来不要命"。他就像一颗永不停转的陀螺，始终不知疲倦地奋战在科技攻关一线。1968年，罗健夫和一名同志在北京电机厂开展项目攻关时，在最后调试的两个月里，他平均每天只休息四个小时；在研制图形发生器时，他经常一个星期连轴转，饿了就咬口馒头就口咸菜，困了就在塑料板上随地一躺，就连中秋节都没有和家人团聚。

长期的辛勤工作让罗健夫身体出了问题。1981年，他开始觉察到胸部有疼痛症状，当时正是Ⅲ型图形发生器研制最为紧张的阶段，为了尽快完成科研任务，他不舍得抽出时间去看病，他没有告诉领导和同事，甚至没有告诉自己的家人。到了北京后病情加重，白天他一手顶着胸部、一手操作机械，晚上他还要查阅资料，在大家的反复劝说下，他硬挺了三个多月才去看病，却没想到已是癌症晚期。得知这个消息后，他说："我的生命不属于个人，是属于党，属于人民的。"

在患病住院期间，罗健夫依然没有停止工作，只要同事来看他，他就聊工作，希望能在临终之前将自己的技术知识全都传授给同事们。曾经有一位和罗健夫共同研制图形发生器的同事来医院探望，本来还有几个问题想跟他探讨，但看他疼痛难忍实在不好意思张口。罗健夫却主动拿出图纸，从图形发生器的设计逻辑，到图纸上未来得及标明的部分，以及怎样处理调制过程中遇到的麻烦，谈了两个多小时。他在最后疼痛难忍时也拒绝打镇痛剂，他说："那个东西刺激神经，对大脑不利，现在我需要保持头脑清醒，多想想图形发生器调制中的一些问题，我不能工作了，还能给同志们当参谋。"

在职务、名利面前，罗健夫甘愿当"普通一兵"，从不计较个人得失，从不表现自己，把名利和荣誉看得很淡。作为Ⅱ型图形发生器的项目负责人，在申报国家科技成果时，罗健夫坚持把自己的名字写在了项目团队最后。每次介绍成果时，他总是将功劳推给同事，把同事负责部分极力推介，唯独不谈自己的成绩。当别人问他负责的那部分时，

他也只是推托说:"自己做的不多,没有别人的帮助是不行的,这项工作就是交给别的同志同样也能完成。"对于奖金,他常常全部上交组织。

1977年,罗健夫所在单位根据政策准备调升部分职工工资。了解到情况后,罗健夫却主动找到组织表示:"我是共产党员,国家有困难,我应该为国家分忧,调资面不大,应该让给其他有贡献、经济更困难的同志。"实际上,罗健夫一家也很不富裕。夫妻二人工资加起来才130元,上有老人需要照顾,下有两个孩子正在上学,爱人还需要资助下乡的兄弟姐妹,罗健夫还要贴补照料患了癌症的弟弟一家。但在待遇面前,他想到的不是自己,而是比自己更加困难的同志,党委在经过认真研究后,最终批准了罗健夫让出调资名额的请求。

1978年,所里准备将罗健夫提拔为第六研究室主任,被他婉言拒绝,甘愿继续从事具体科研工作。三年后,组织上再次准备考虑提拔他,领导多次找他谈话征求他意见,每次他都一口回绝,并明确表示:"我不是不服从组织安排,我能力不行。从党的科研事业考虑,我不当'官'比当'官'有利。让我集中精力在科研上为国家多做些工作吧。"临终前几天,一位同志要为他买一种治疗药物,罗健夫婉言谢绝,并希望把省下的钱和药留给别的病人用。在生命垂危之际,他还以一片赤诚之心向党组织缴纳了最后一次党费。

为国拼搏
WEI GUO PIN BO

【延伸阅读】科技强国

科技强国是指一个国家在科学技术领域具有强大的竞争力和主导地位。科技强国的主旨在于通过科技创新和提高人才素质，推动经济发展，增强国家实力。在这个全球化的时代，科技强国的意义变得越来越重要，因为科技已经成为国家间经济竞争、军事竞争和战略竞争的关键因素。

一个科技强国需要具备以下几个方面的特点：首先，必须有强大的科技基础，包括高素质的人才、先进的科技基础设施和丰富的科技资源；其次，必须有良好的创新生态，包括鼓励创新的文化、有效的创新机制和良好的市场环境；

再者，必须有高度的科技发展水平，包括前沿科学研究和技术创新；最后，必须有良好的国际合作和交流，以便吸收全球先进科技成果和扩大国际影响力。

然而，成为科技强国并不是一件容易的事情。第一，需要大量的投资来支持科技创新和研究，而这些投资可能会对其他领域的预算造成压力。第二，需要解决科技领域面临的一些挑战，如技术壁垒、知识产权保护和创新风险等。第三，还需要解决一些社会问题，如人才培养、社会创新和文化转型等。

总的来说，科技强国是一个国家在科学技术领域具有强大竞争力和主导地位的状态。要成为科技强国，必须具备强大的科技基础、良好的创新生态、高度的科技发展水平和良好的国际合作与交流。

七

大国重器赞罗阳

    2012年11月23日，国产歼-15舰载机成功降落在中国首艘航母"辽宁舰"上。两天后，随辽宁舰参与舰载机起降训练的罗阳，在大连执行任务时突发急性心肌梗死、心源性猝死，经抢救无效不幸去世，年仅51岁。

    罗阳去世后的第二天，习近平总书记做出重要批示："罗阳同志秉持航空报国的志向，为我国航空事业发展做出了突出贡献，他的英年早逝是党和国家的一个重大损失。要很好地总结和宣传罗阳同志的先进事迹，广大党员、干部要学习罗阳同志的优秀品质和可贵精神。"

    1961年，罗阳出生于辽宁沈阳，父母都是军人，"报国""忠诚""奉献"早早便融入他的心中。由于父母工作变动，他到武汉求学，并于1978年考入北京航空航天大学飞机制造系高空设备专业，那时妈妈才知道，17岁的儿子，心中藏着一个航天梦。

爱我中国 LOVE MY CHINA

大国重器

刚入大学时，罗阳看过一部资料片，其中有这样一个片段，由于信息化程度低，我空军飞机还没看到敌机，便被对方击落，这让罗阳大为震撼。当时，中国的航空技术与世界先进国家相比差距很大，他航空报国的信念，自此更为坚定。

1982年大学毕业时，罗阳被分配到沈阳飞机设计研究所第九设计室担任设计员。那时，中国自行研制生产的二代战机——歼-8Ⅱ型飞机正处于设计攻关阶段，不久后，罗阳便被吸收到设计团队，从事座舱盖的研发。在沈阳飞机设计研究所设计员的岗位上，罗阳一干就是十年，他的研究填补了多项国内技术空白，特别是由其主持的歼-8系列飞机弹射救生系统重大技术攻关，得到空军领导机关的肯定，并顺利实施。第二个十年，他担任沈阳飞机设计研究所的领导。第三个十年，他担任沈阳飞机工业集团有限公司的领导，在此期间也迎来了其职业生涯的高峰。

在担任沈飞公司董事长、总经理的五年，正赶上国防武器装备亟须升级换代，国家下达的国防装备任务型号多、技术新、

时间紧、困难大，可他毅然担起万钧重担。他讲："沈飞是共和国航空工业的'长子'，长子就得拿出长子的样儿，长子就要干长子的事儿，长子就要做出长子的贡献，所以我们要立志成为中国航空工业的领军企业，这是我们的奋斗目标。"五年间，他带领团队研制出的新机型比沈飞过去五十年研制的还多，成为企业历史上完成军机研制型号最多的领导者，创下企业近三十年来交付飞机数量最多的新纪录。

辽宁舰入列时，海外媒体预计中国舰载机成功运用至少需要一年半的时间，而仅仅两个月后，歼-15就成功实现舰上起降。在任务最后冲刺的一个月，罗阳的工作节奏从"711"变成"720"，每天工作高达20个小时，他常说："我们没有任何选择，必须把不可能变成可能。"

最终，罗阳用生命换来歼-15的完美升空，实现了中国战斗机从陆地跨向海洋的梦想，也创造了新机研制从设计发图到成功首飞仅用十个半月的奇迹。他和团队用奋斗的姿态，推动了中国航空科技自立自强的进程。

就在他去世前一个月，还带领员工在四天内实现两型新机的完美升空，创造了航空工业新机研制的奇迹，使我国一跃成为世界上第二个具备同时研制两款四代战机能力的国家。

如今，从罗阳手中接过接力棒的系列舰载机研制团队，是沈飞一支平均年龄35岁的"罗阳青年突击队"。他们在

科技任务攻关中，传承罗阳精神，托举起航空强国的梦想。

很多沈飞的员工还记得，2011年6月29日，沈飞创建60周年大会上，罗阳意气风发，他感谢一代代沈飞人为航空事业付出的努力，也憧憬着中国航空工业未来的美好蓝图。那一天，也是他50岁生日。与沈飞同龄，是他的荣耀，更展现了他的使命与担当。就在罗阳牺牲10周年前夕，沈飞公司第一批"罗阳青年突击队"队员代表给习近平总书记写信，汇报十年来在科研生产一线学习践行罗阳

同志精神的收获，表达了继续奋力拼搏、矢志报国的决心。2022年11月12日，队员们收到总书记的回信，勉励他们学习贯彻好党的二十大精神，为建设航空强国积极贡献力量。习近平总书记在回信中讲："你们以罗阳同志为榜样，扎根航空装备研制一线，在急难险重任务中携手拼搏奉献，这种团结奋斗的精神非常可贵。"

十年匆匆而过，在"罗阳精神"的激励下，中国航空工业全面开花，新型号、新成果不断涌现，航空科技创新也完成了从跟跑向并跑的整体跃升。

在罗阳有限的生命里，一直走在攻坚克难的路上，从陆基到舰载、从三代机到四代机、从引进仿制到自主创新，罗阳托举起了中国歼击机研制和生产的"半壁江山"。"如何将舰载机在航母上试飞时的先进技术和先进管理经验应用到沈飞日常生产中……"生命的最后一夜，他想的依然是航空事业的发展。

大国重器

DA GUO ZHONG QI

【延伸阅读】大国重器掠影

超级计算机

超级计算机有很强的计算和处理数据能力，体现为高速度、大容量，是一种能执行普通电脑无法处理的大数据、高运算的电脑统称。它是大国门面，是国家科研能力的体现，更是国家安全和发展的国之重器。

2023年4月，国家超算互联网工作启动会在天津召开。会议发起成立了国家超算互联网联合体。未来，科技部将通过超算互联网建设，打造国家算力底座，促进超算算力的一体化运营，助力科技创新和经济社会高质量发展。预

计到 2025 年底，国家超算互联网将形成技术先进、模式创新、服务优质、生态完善的总体布局，有效支撑原始科学创新、重大工程突破、经济高质量发展、人民生活品质提高等目标达成，成为支撑数字中国建设的"高速路"。

极地考察船

极地考察船是专门在南北极海域进行海洋调查和考察的专业海洋调查船，具有船体坚固、破冰能力强、防寒性能好等特点。世界上著名的极地考察船有中国的"雪龙"号、美国的"极星"号、苏联的"M.萨莫夫"号。

中国的"雪龙"号极地考察船，船体耐寒，技术性能先进，属国际领先水平，也是中国进行南北极海域科学考察的唯一一艘功能齐全的破冰船。于 1993 年购自乌克兰，全长 167 米、满载排水 2.1 万吨，配备了现代化的航行、定位和导航系统，具备以 1.5 节航速连续破冰 1.1 米（含 0.2 米厚的雪）的能力，可搭乘科考队员 120 人，主要承担了南极考察站物资补给运输、科考队员的交替和南北极大洋调查等三大任务。

"雪龙 2"号极地科学考察破冰船，2018 年 9 月 10 日下水，标志着我国极地考察现场保障和支撑能力取得新的突破。它采用分段建设，全船分解为 114 个分段，通过先分段建造然后拼装合成全船。"雪龙 2"号长度为 122.5 米，宽度为 22.3 米，吃水深度 7.85 米，吃水排水量 13990 米，续航力20000海里。"雪龙2"号采用了世界先进的双向破冰能力设计，船首和船尾均可进行破冰，船首可以在2至3节航速连续破除1.5米厚的冰层，破冰能力达到了第3档，满足全球无限航区航行需求。随着"雪龙2"号的加入，将来我国的极地科考将会呈现"双龙争霸"的局面。

"极地"号破冰科考船，2023年12月29日首次公开亮相。该船隶属自然资源部北海局，是中国船舶广船国际自主设计、建造。红白两色是主色调，红彤彤的船身长89.95米、宽17.8米，相当于三个标准篮球场首尾相连组合在一起的大小；科考船具备全球无限航区航行能力，定员60人，排水量达5600吨，航程26000万公里，一次补给可以保障全船在海上生活80天以上。2024年6月24日，"极地"号在广州南沙正式命名交付，并于2024年下半年开始承担科考任务。

国产大飞机

国产大飞机是中国首款按照国际通行适航标准自行研制、具有自主知识产权的喷气式中程干线客机。

国产大飞机C919，是中国首款按照国际通行适航标准自行研制、具有自主知识产权的喷气式中程干线客机。其机长38.9米、翼展35.8米、机高11.95米，空机重量45.7吨，最大商载18.9吨，为C类飞机。座级158～192座，航程4075～5555公里，具有安全、经济、舒适、环保的特点，

可满足航空公司对不同航线的运营需求。采用先进气动设计、先进推进系统和先进材料，碳排放更低、燃油效率更高。2023年5月28日，国产C919大型客机圆满完成首次商业载客飞行，正式进入民航市场，开启市场化运营、产业化发展新征程。国产大飞机C919的成功首飞是中国航空工业取得的重大历史突破，也是中国创新驱动战略的重大时代成果。

海上巨无霸

放眼全球，真正能够自主研制海上巨无霸的国家少之又少，自主研制海上巨无霸是一个国家工业水平的集中体现。

这里所说的海上巨无霸不仅是航空母舰，更是包括了一切大型海上装备，像是075型两栖攻击舰、10万吨以上商船、海上石油钻井和海上大型风力机等。放眼全球，目前只有中、美、俄、英、法能够制造航空母舰；大型两栖登陆舰也是大国标志性的配备之一；中国10万吨以上商船有"郑和"号集装箱船等；中国最大油轮是"凯桂"号，载重量33万吨，满载排水量更是辽宁舰的7倍；除此之外，中国的海上巨无霸还有"和平方舟"号医院船、"新光华"号半潜船、"远望号"测量船以及4.4万吨的"蓝鲸二号"钻井平台。

中国特高压

在中国，特高压是指±800千伏及以上的直流电和1000千伏及以上交流电的电压等级。

它的最大特点在于能够长距离、大容量、低损耗地输送电力。相较于传统输电方式，特高压技术大大提高了输电效率，降低了能量损耗，同时减少了土地占用。这一技术的研发和应用，不仅解决了我国电力传输的难题，更为全球能源传输提供了全新的解决方案。

特高压技术的研发并非易事。它涉及设备的耐压安全、控制系统的稳定性、故障检修维护等多个方面的难题。为了攻克这些难题，我国科研人员付出了巨大的努力。他们日夜兼程，最终实现了关键设备的国产化，发明了绝缘纸替代陶瓷材料等创新技术，使特高压输电技术得以实际应用。

如今，中国已成为世界上唯一一个成功实现特高压输电大规模商业运营的国家。我们的特高压工程遍布全国，线路总长度超过4万公里，为国家的经济发展提供了强有力的电力保障。同时，我国的特高压技术还走出了国门，在巴西、巴基斯坦等国家得到了广泛应用，创造了巨大的经济效益。这一成就的取得，离不开我国科研人员的辛勤付出和不懈努力。

人工智能

人工智能（Artificial Intelligence），英文缩写为AI，是新一轮科技革命和产业变革的重要驱动力量，是研究、开发用于模拟、延伸和扩展人的智能的理论、方法、技术及应用系统的一门新的技术科学。

人工智能全球治理攸关全人类命运，是各国面临的共同课题。当前，全球人工智能技术发展风起云涌，成为新一轮科技革命和产业变革的重要驱动力量。人工智能技术带来的便利有目共睹，它推动生产力的飞跃，带来生活方式的变革，潜移默化重塑着社会结构与经济形态。然而，面对技术的"狂飙突进"，风险和隐患也陡然上升，国际社会亟须携手合作，共同推进全球人工智能治理。只有加强对话与合作，才能凝聚共识、贡献智慧、形成合力，共同抵御风险。

作为人工智能技术大国，中国高度重视人工智能发展，积极推动互联网、大数据、人工智能和实体经济深度融合，培育壮大智能产业，加快发展新质生产力，为高质量发展提供新动能。近年来，中国更是积极推动深化人工智能发展和治理国际合作，为推动人工智能健康发展、促进世界经济增长、增进各国人民福祉而努力。《中国关于加强人工智能伦理治理的立场文件》《全球人工智能治理倡议》等一系列文件，持续为推进人工智能的全球治理提供中国方案，贡献中国智慧，得到国际社会的高度评价。

卫国功臣韦昌进

时间倒转回 1983 年 10 月,这时候的韦昌进还未满 18 岁,但他却已经饱含着一腔热血参军入伍了。进入部队后,韦昌进的表现一直非常优异,他想要上战场,想要去最前线,想要做一个真正为国征战的军人。

很快,韦昌进就获得了这个机会。1985 年 5 月,入伍快两年的韦昌进和战友们被选拔前往边境战场,此时的韦昌进不满 20 岁。

韦昌进幼时最喜欢的一部电影便是革命电影《英雄儿女》。在踏上前往边境的路上,韦昌进满心欢喜,难掩激动,他脑海中的念头只剩下自己终于可以像电影男主角王成一样,做一个顶天立地的大英雄。这时候的韦昌进还没有想到,在边境战场上,他竟然真的能够像王成一样说出那句经典的台词:"为了胜利!向我开炮!"

临战前,为了保证士兵们在战场上拥有足够的体力、

爱我中国
LOVE MY CHINA

卫国功臣

耐力、战斗力，韦昌进和战友们经历了非常繁重的训练。他们每天都要负重几十斤拉练上百公里，在这个过程中，韦昌进磨炼出坚韧的意志力。每当韦昌进很疲累的时候，只要想到自己能够上战场，能够为连队争取荣誉，韦昌进都会迸发出无穷的力量。当然除了这些在鞭策他前进外，韦昌进还有一个"小私心"，他想要获得组织的认可，成为一名优秀的党员。

很快，韦昌进就等到了真正表现自己的机会，他和战友们被安排到了驻守"6号哨位"。这里是边境防御的一个重要位置，距离敌人最近的位置只有八米。敌人隔三岔五就对这里发动攻击，企图撕破防线，所以，守住6号哨位可以说就是守住我军前线。在驻守6号哨位的时候，韦昌进不放过任何的风吹草动。

1985年7月19日的凌晨，韦昌进和战友们像往常一样在6号哨位上坚守。然而，在一片寂静中，排长焦急的声音突然从报话机里滴滴答答传了出来。排长告诉他战友们，敌人将在快天亮的时候发动攻击，特别是6号哨位的战士们，一定要守住。

在接到排长发布的紧急命令后没有多久，敌人的炮弹突然落在了他们附近，敌人派了两个营加一个连，朝着我方的高地发起了攻击。韦昌进在猫耳洞里，都能感受到炮火的猛烈，天地突然旋转了起来，四方的土块都在震动。韦昌进和战友们在这个时候更不能后退，他们勇敢冲出了猫耳洞，和第一波敌人来了个殊死搏斗。打退了敌人第一波进攻之后，韦昌进立马叫还站在高地上的战友们趁着这个间隙回到猫耳洞。

然而他的反应还是太慢了，没等他说完，敌人的炸弹就在6号哨位爆炸了。韦昌进的眼前炸开了一片血花，身边的战友当场没了气息，韦昌进的身上也升起了钻心的疼。他感觉有东西从自己的左脸落了下来，他的手自然地去接。韦昌进意识到，那是他的左眼球。他顾不上疼痛，只能将自己的眼球重新安回了自己的眼眶之中。

等外面的炮火稍微平息了一些，韦昌进和周围重伤的战友们被猫耳洞里的战友给拉了进来。这时候韦昌进才感觉到，不只是眼珠，右胸也被弹片给穿透了，右边屁股甚至还掉了一块肉。

韦昌进眼皮子越来越沉，他感觉自己的生命在流逝。但就在这个时候，韦昌进听到报话机里排长还在焦急呼喊。排长告诉6号哨位的所有战士们，因为敌人将周围给封锁了，所以现在没办法派来增援，希望6号哨位的战士们能够坚持下来。韦昌进听到这话就像是回光返照一般，他感觉自己的身体充满了力气。他拿起了报话机，对着排长说："排长，我左眼没有了，但只要我还活着，我就是阵地的眼睛。"

韦昌进挣扎着爬到了猫耳洞的洞口，他透过石缝注视着敌人的动静。韦昌进实时播报敌人们的点位给排长，好让我军的炮火能够准确打在敌人的身上。从上午九点到下午三点，敌人一共发起了11波攻击，韦昌进的战友们在高地上和敌人火拼，韦昌进则在猫耳洞里向后方报告敌人的点位。在韦昌进的帮助引导下，我方的炮火弹无虚发，每个都准确无误打在了敌人在的地方。

然而敌人的攻击实在太猛烈，在高地上的战友们很多都牺牲了，而韦昌进的身体也越来越虚弱。他身边还有一个叫苗廷荣的战友，两人在开始的时候就已经被炮火击伤。苗廷荣受的伤比韦昌进还要重，他两只眼睛都看不见了，失去了意识，躺在韦昌进身旁，不知道是死是活。又击败了一批敌人后，韦昌进全身像是没了气力，虚弱地靠在地面上。不知道过了多久，韦昌进突然听到周围传来了脚步声，还有一听就不是中文的交谈声。

韦昌进意识到外面的战友全都已经牺牲了，他立马抓起了报话机，对着排长道："排长！敌人上高地了！我牺牲不要紧，但是咱们的高地不能丢啊！"在说完这句话后，他对着报话机那边的人喊道："为了胜利！向我开炮！"

这时候的韦昌进想到了电影《英雄儿女》中的场景，能够这样牺牲，韦昌进觉得死而无憾。

排长听到这话，变得哽咽起来，虽然知道阵地是最重要的，但是要朝着我方的军人开火，在思想上是很难突破这个难关的。就在这时，团政治处的主任抓过报话机，对着韦昌进道："韦昌进同志，我们一定会给你申请一等功，你还有什么愿望？"韦昌进断断续续说道："在我牺牲以后……我希望自己能够被追认为共产党员……"

很快，我方的炮火就朝着6号哨位袭来，敌人被击败，而韦昌进与苗廷荣却生死未卜。一直到当天晚上八点，韦昌进和苗廷荣才等来了后面增援的队友。十分幸运的是，他们俩在后方医院里捡回了一条命。

韦昌进伤势太重了，昏睡了七天七夜才醒过来。从他体内一共取出了22枚弹片，但仍然有5枚弹片残留在他的体内。正因为体内有弹片，他每次过安检机器总是会发出报警声，这使得他每次过安检时都会被工作人员拦下询问。他的左眼因为这次战斗也被摘除，安装了一个义眼。

醒来后，韦昌进做的第一件事儿就是递交入党申请书。但是他那时因为伤势很重，只能由战友代笔，这封申请书还带着战场上的温度和血性。

2017年，韦昌进被授予"八一勋章"，但韦昌进并不居功自傲。他说这个勋章不是对自己一个人的奖励，是对当年在战场前线所有战士们的褒奖和肯定。

卫国功臣

WEI GUO GONG CHEN

【延伸阅读】视死如归真英雄

20世纪60年代的历史影片《英雄儿女》，反映的是抗美援朝战场上志愿军的英雄气概和崇高精神，尤其是片中临危不惧、视死如归的战斗英雄王成，在全军乃至全国人民心目中留下了深刻印象。

《英雄儿女》的剧本是由巴金的小说《团圆》改编的。王成是其中一个人物。那么，王成的原型是谁呢？

原河北省军区原司令员张振川在一次访谈中有过说明。他说："记得作家巴金亲临朝鲜开城前线，对我志愿军六十五军第五八二团进行战地采访。我作为五八二团团长

兼政委向巴金介绍了我团67高地战斗、三打'红山包'战斗中同志们英勇顽强、前仆后继的战斗作风。特别提到了我团二营六连副指导员赵先友和他的战友们在坚守67高地战斗中所表现的大义凛然、视死如归，最后全部壮烈牺牲的英雄事迹。巴金听完我的介绍被赵先友等英雄不顾个人安危，主动呼唤炮火，誓与阵地共存亡的英雄壮举深深感动，深有感触地说：'你们团67高地战斗、三打红山包，打得很漂亮。美国人武器强，我们的士气强。'最后，巴老根据赵先友等众多志愿军英雄的悲壮事迹，萌发了创作灵感，写出了著名的小说《团圆》这一千古绝唱。"

根据张振川的回忆，小说《团圆》中"王成"的原型就是特等功臣赵先友等烈士。20世纪90年代，原北京军区某集团军为赵先友烈士立塑像，巴金亲笔题字："王成式的战斗英雄——特等功臣赵先友。"从这个题字看，巴金也认为，他笔下的"王成"的原型之一就是赵先友。

巴金小说《团圆》发表后，在社会上引起强烈的反响，长春电影制片厂将它改编成电影。在构想王成牺牲的细微情节时，编剧毛烽就想到了很多抗美援朝英雄，最后决定以特级英雄杨根思等烈士为原型……

《英雄儿女》的历史背景是抗美援朝时期著名的上甘岭战役。"一生打过许多大仗、硬仗、恶仗"的志愿军十五军军长秦基伟说过："上甘岭战役是我一生中最残酷的战役。"在惨烈的战役中，志愿军参战部队涌现出一大批惊天地、泣鬼神的视死如归的战斗英雄。

九

航天英雄杨利伟

    1965年，辽宁省绥中县的一家医院中诞生了一个男孩，名叫杨利伟。他从小就有对自由的向往，渴望飞翔在天空中。谁能想到看似遥不可及的梦想，最终会成为现实。

    1983年，杨利伟的人生迎来了重要的拐点。这一年，他机缘巧合地参与了空军的选拔，抓住了这样一个千载难逢的机遇，并成功入选空军部队。进入军队后，他被指派至航空学校空军第八飞行学院研习。1992年，他转至另一工作单位，专攻战斗机驾驶与操控。不久后，他便荣获一级飞行员头衔。1996年的那个初夏，杨利伟凭借卓越的飞行技巧和完美的身体素质，从众多飞行员中脱颖而出，成功入选航天员预备队。为确保宇航员的安全，杨利伟接受了一系列超越常规的训练，为"飞天"做好充分准备。

    2003年10月15日是注定被载入中国航天史册的一天。在这一天，太空首次迎来一位来自中国的客人。作为中国

爱我中国
LOVE MY CHINA

航天英雄

首飞太空第一人，杨利伟的名字被载入了历史的篇章。

在未知的宇宙中翱翔，对大多数人来说，既令人兴奋又充满焦虑。然而，杨利伟却与众不同，即使面对即将飞入太空的事实，也能安然入梦，享受一夜好眠。经过常规检查后，他身着厚重的太空服，登上了神舟五号载人航天飞船。

在火箭发射前，杨利伟的妻子张玉梅接到了一个神秘电话，让她带着家人立刻前往航天宇航中心。虽然电话内容含糊不清，但她已经猜到了自己的丈夫即将踏上太空之旅。

九点整，火箭准时点火，神舟五号在人们的期待中慢慢升空。在升空过程中，杨利伟遭遇了太空共振现象，那一刻，他距离死亡只有26秒。监控室内的工作人员屏住呼吸，全神贯注地盯着屏幕上的杨利伟，仿佛时间在此刻静止。众人目不转睛地盯着杨利伟，突然，有人惊呼："他眨眼了！"这是一个令人振奋的信号，紧张的地面工作人员顿时松了口气。在控制室默默关注着一切的张玉梅，也放松下来。

在确保杨利伟状态完全稳定后,地面团队开始与他进行互动交流。在这期间他和妻子、孩子还进行了一场"天地对话"。这对夫妻并未刻意渲染情感,默契地没有涉及任何"不吉利"的话题,像在轻松地聊着家常。八岁的孩子也好奇地询问爸爸是否进食,以及进食的菜肴,或许他当时并未意识到这项任务的危险性,只是觉得有趣。

在轨飞行 21 小时,环绕地球 14 圈后,杨利伟踏上了归途。张玉梅眼中含泪,声音颤抖地说:"明天,我们等待你凯旋!"杨利伟沉默片刻,然后坚定地回答:"好的,明天见。"这一句"明天见",充满了厚重的期待,也给所有人带来了安全感。

随着返回舱落地，第一位"空中飞人"平安归来，民众齐声欢呼杨利伟的名字，热烈庆祝我国航天事业取得的重大突破。

杨利伟以坚定的信念和顽强的毅力，成功地完成了我国载人航天事业的开创性任务，使得我国成为世界上第三个实现载人航天的国家。他从天空飞向了更远的宇宙，不仅圆了自己的梦想，也代表了中国的进步与骄傲。他的英勇事迹向世界展示了我国强大的科技实力和不屈的精神风貌。在他成功的背后，是数不清的日夜坚守和对梦想的执着追求。

2023年是中国首次载人飞行任务成功20周年。杨利伟在采访中说道："这20年来到现在，再回过头看的时候，实际上不单单说它是职业或者是使命还有责任，我可能对工程本身，对国家的意义有深刻的认识，作为一个大国，应该具备什么东西建设航天强国。"

20年来，中国的航天事业取得巨大发展：中国载人航天从"一人一天"到"多人多天"，从"太空漫步"到"交会对接"，从空间实验室到空间站的建成……中国航天的发展孕育出了特别能吃苦、特别能战斗、特别能攻关、特别能奉献的载人航天精神。

航天英雄
HANG TIAN YING XIONG

【延伸阅读】逐梦星空

回望来路，我国载人航天工程的每一次突破都坚实有力：

第一次进入太空——中国首位航天员杨利伟搭乘神舟五号载人飞船，将中华民族千年飞天梦想变为现实。

第一次出舱行走——航天员翟志刚以自己的一小步，迈出中华民族一大步。

第一次中期驻留——航天员景海鹏和陈冬叩开中国空间站时代的大门。

第一次进驻中国空间站——航天员聂海胜、刘伯明和汤洪波住上了属于中国人的"太空之家"……

载人航天事业是千人一枚箭、万人一杆枪的事业。广大航天人不畏艰险、顽强拼搏,展现了义无反顾的战斗精神。

伟大的事业孕育伟大的精神,伟大的精神成就伟大的事业。经过几代航天人的接续奋斗,我国载人航天工程取得了举世瞩目的辉煌成就,在实践中孕育形成了"特别能吃苦、特别能战斗、特别能攻关、特别能奉献"的载人航天精神。这是以爱国主义为核心的民族精神和以改革创新为核心的时代精神的生动体现,也是中国共产党人精神谱系的重要组成部分,为中国航天事业的永续发展提供了源源不断的精神力量。

"特别能吃苦"是苦干实干、坚韧不拔的真实写照,体现了艰苦条件下中国航天人从无到有开创航天事业的奋斗意志。面对巨大的技术空白和薄弱的产业基础,中国航天人不仅没有被差距吓倒,反而在艰苦的条件下更激起顽强拼搏的斗志,迎难而上、坚韧不拔,创造了中国航天事业从"追跑"到"并跑"再到"领跑"的辉煌征程,谱写了载人航天"特别能吃苦"的动人篇章。

"特别能战斗"是敢于斗争、敢于胜利的生动诠释,体现了中国航天人面临一次次严酷挑战越战越勇、攻无不克的精神斗志。浩瀚宇宙,寄托着中华民族数千年来的美好理想;载人航天,彰显着当代中国人追逐航天梦的艰苦奋斗。在攻坚克难的过程中奠定了航天精神的战斗底色。"特别能攻关"是自立自强、探索创新的现实彰显,体现了中国航天人开拓创新、致力于航天事业更高追求的精神特质。

在各方面的通力协作中，我国载人航天队伍集成力量协同攻坚，经过不断试错、不断探索，通过一次次不厌其烦的计算、精心缜密的设计和反复细致的实验之后，打通关节，攻克难题，在此基础上取得载人航天事业的跨越式发展。

"特别能奉献"是不计得失、忘我牺牲的具体体现，体现了中国航天人对航天事业的深沉热爱和对祖国快步发展的迫切期待。干惊天动地事，做隐姓埋名人，中国载人航天三十年来的波澜壮阔凝聚着无数航天人的艰辛与奉献。几十年间，我国载人航天事业取得飞跃发展的背后，是一代代航天人的接力奋斗，他们为载人航天事业的发展奉献自己的青春年华甚至宝贵生命。

回首过往，在载人航天精神的支撑和引领下，我国先后突破载人天地往返、出舱活动、交会对接等一系列关键技术，载人航天事业实现了跨越式发展。当前，我国正在意气风发向着全面建成社会主义现代化强国的第二个百年奋斗目标勇毅前行，神舟十五号载人飞船与空间站组合体完成了具有里程碑意义的自主快速交会对接，充分展示了伟大的中国道路、中国精神、中国力量，坚定了全国各族人民实现中华民族伟大复兴的中国梦的决心和信心。新时代新征程上，我们要继续弘扬载人航天精神，不忘初心、砥砺前行，赋予其契合时代发展的深刻内涵和精神实质，从而为我们推动航天强国建设、开辟新的征途提供强大精神力量！

见义勇为徐洪刚

徐洪刚，云南省彝良县洛旺乡人，1971年3月出生，1990年12月入伍，1993年7月加入中国共产党，历任战士、班长、排长、副政治指导员、政治指导员、团保卫股干事、团副政委、原济南军区某红军师政治部副主任。现任西藏某军分区副政治委员、第十三届全国政协委员。

徐洪刚入伍后，在一个具有光荣传统的红军团服役。他处处注意高标准、严要求，力争当一名优秀战士。虽然他十分渴望成为侦察兵，但当被分配到通信连后，依然刻苦训练，被评为"全优学员""硬骨头战士"。徐洪刚关心、体贴同志，用自己学过的按摩针灸专长为训练工作劳累过度的战友解除病痛。

周末和节假日，他抢着上岗，让别人休息。他的生活虽然不算富裕，但当战友家中有困难时，徐洪刚便慷慨解囊。由于他的出色表现和政治上的逐渐成熟，1993年7月，徐

爱我中国 LOVE MY CHINA

见义勇为

洪刚光荣地加入了中国共产党。

同年 8 月 17 日，徐洪刚从家乡返回部队。当他乘坐的大客车行至四川省筠连县巡司镇铁索桥附近时，车内的几个歹徒突然向一名青年妇女强行勒索钱物。遭到拒绝后，歹徒一边对妇女耍流氓，一边把她往疾驶中的车外推。此刻，在角落里打盹的徐洪刚被惊醒了。见此情况，徐洪刚冲上前去，大吼一声："住手，不许这样耍横！"歹徒看到有人干预，便把注意力集中在徐洪刚身上。徐洪刚挨了两个耳光之后，脸上火辣辣的，嘴角渗出了鲜血。为了保护车内其他乘客，他没有马上还手。歹徒的气焰更加嚣张，继续把那位妇女往车窗外推。军人的天职使徐洪刚再也无法沉默。他一脚把后面的一个歹徒踢得不停地后退，又狠狠一拳打在另一个歹徒胸口上。不料，从后面又窜出两个歹徒，一个抱住徐洪刚的腿，一个死死地卡住他的脖子。最先寻衅的那个姓任的歹徒掏出匕首，向徐洪刚胸口猛刺一刀。在这生死关头，徐洪刚只有一个念头：和他们拼了！狭窄的车厢里，拳脚施展不开。四个歹徒把他

团团围住，穷凶极恶地挥刀猛刺徐洪刚的胸、背、腹……鲜血染红了他的衣服，也染红了座椅、地板。

司机把车刹住，歹徒纷纷逃窜。此时，身中14刀、肠子流出体外的徐洪刚，用背心兜住往外流的肠子，紧跟着跳下车，用全部的力气往前追去……

英雄救人民，人民爱英雄。事情发生后，当地政府、医院及广大群众纷纷行动起来。筠连县税务局副局长詹本方等火速把徐洪刚送到镇医院后，经医院检查，徐洪刚全身重伤14处，仅胸部就被刺了8刀，最靠近心脏的一刀深达8厘米，有一刀已经伤及肺部，腹部刀伤裂口4厘米。医护人员为保证徐洪刚的生命安全，对伤口进行了止血处理后，吊上输液瓶，便立刻启程赶往县医院进行抢救。县领导闻讯后，立刻指示有关部门要不惜一切代价拯救这位英雄。经过医院院长、副院长等长达4个小时的抢救，终于把徐洪刚从死神手里夺了回来。县公安局出动精悍队伍，连续奋战7天6夜，将任永林在内的4名罪犯全部抓获归案。每天前往医院探视英雄的人们成百上千……

1994年春节前后，各级新闻机构对徐洪刚的英雄事迹广为报道。徐洪刚舍己为人、勇斗歹徒的壮举在全国军民中引起强烈反响。2月5日，中央领导接见了包括见义勇为的英雄战士徐洪刚在内的来自全国各地的"双拥"模范代表。徐洪刚获得了"见义勇为青年英雄""全国新长征突击手"的称号。

"社会给了我莫大的关爱,人民给了我第二次生命,我必须以一颗感恩之心、一腔赤子之情回报社会和服务人民。"这是徐洪刚发自内心的感慨。

1998年8月,长江发生特大洪水,部队接到抗洪抢险命令整装待发。组织上考虑到徐洪刚的身体状况,安排他留守后方。徐洪刚一听急了,在群众最危难的时候,自己怎么能留在后方?他向团党委申请,强烈要求参加抗洪抢险。

8月21日晚,风雨交加,洪水泛滥,荆江大堤出现特大险情,一旦决堤,后果不堪设想。险情就是命令,徐洪刚主动请缨担任营突击队队长,与80余名突击队员每人扛着50公斤重的沙袋,来回奔跑在没膝深的淤泥里。徐洪刚不顾自己的身体,咬紧牙关坚持奋战36个小时,直到累倒在大堤上。

2008年5月12日,四川汶川特大地震发生时,刚刚被提拔担任原济南军区某红军团副政委的徐洪刚正在基层连队蹲点,他急切地找到团政委:"15年前,是四川人民给了我重生的机会,他们有了苦难,请组织安排我参加第一梯队吧!"

次日一大早,徐洪刚与官兵们奔赴灾区。他鼓励大家:"灾区亲人的生命财产正在遭受重大损失,早到一分钟,就能多救一个人!"为加快行军速度,他安排每辆车由两名司机轮班交替驾驶。为避免埋锅做饭耽误时间,大家就

在车上吃干粮充饥。仅用26小时，他们就跋涉了1200公里，赶到了都江堰市紫坪铺水库。然后，立刻徒步向重灾区映秀镇进发。

山高坡陡、桥梁垮塌，沿线公路遭到严重破坏，徐洪刚一行一路穿山越岭，终于在当日下午到达映秀镇。此时又接到上级通知，要他们赶往银杏乡为受困群众送给养和药品。因为路不通，那里的群众已经断粮两天，药品也十分缺乏。事不宜迟，师部在通知里连用了三个"快"，还为他们捎来一张简易路线图。

历经6个多小时艰难跋涉，徐洪刚和红军团260多名官兵终于到达银杏乡，当地群众抱着他们失声痛哭，感谢他们送来了救命粮。当晚他们穿着雨衣，在一个摇摇欲坠的加油站休息。

艰难困苦面前方显英雄本色。2008年5月27日，徐洪刚再次请缨，带领官兵执行运粮任务，凭着前几次行走的经验和顽强的意志，他们两次穿越死亡谷，共运送给养5000多公斤、药品数十箱，解除了灾民的燃眉之急。热天一身汗，雨天一身泥，身上的衣服湿了又干，干了又湿，那些天他们还运送和搭建帐篷500多顶，搬运物资50多吨。指挥部的领导直夸他们：铁军名不虚传！

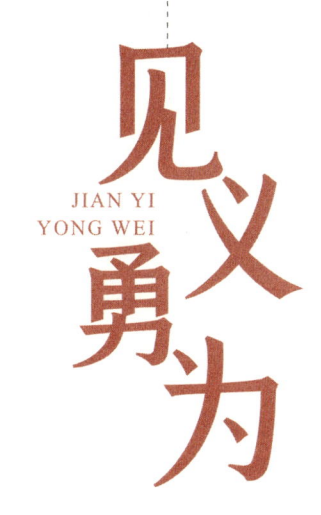

见义勇为
JIAN YI YONG WEI

【延伸阅读】为人民服务

1944年9月8日，毛泽东出席了一个普通士兵的追悼会。这个普通士兵名叫张思德，中共中央警备团的一名普通战士。1944年9月5日，张思德带领战士们在陕北安塞县执行烧炭任务时，即将挖成的窑洞突然塌方，他奋力把战友推出洞去，自己却被埋在窑洞，牺牲时年仅29岁。毛泽东听说后，出席了中央警备团为张思德举行的追悼会。为什么要参加一个普通战士的追悼会？正如毛泽东在讲演中所说："我们都是来自五湖四海，为了一个共同的革命目标，走到一起来了。"这个共同目标就是全心全意为人民服务。

讲演中，毛泽东还特别强调："我们的共产党和共产党所领导的八路军、新四军，是革命的队伍。我们这个队伍完全是为着解放人民的，是彻底地为人民的利益工作的。张思德同志就是我们这个队伍中的一个同志。"

毛泽东把为人民服务的重要性，提到了前所未有的高度："为人民利益而死，就比泰山还重；替法西斯卖力，替剥削人民和压迫人民的人去死，就比鸿毛还轻。张思德同志是为人民利益而死的，他的死是比泰山还要重的。"

"只要我们为人民的利益坚持好的，为人民的利益改正错的，我们这个队伍就一定会兴旺起来。"

在"为人民服务"和"为人民利益而死"的根本目标之下，革命队伍里没有高低贵贱之分，只有工作分工不同。从这个角度说，毛泽东出席张思德的追悼会，就不难理解了。毛泽东在这个追悼会上的讲演，就是后来被称为"老三篇"的其中之一《为人民服务》，收入《毛泽东选集》第三卷。毛泽东在讲演中提出："今后我们的队伍里，不管死了谁，不管是炊事员，是战士，只要他是做过一些有益的工作的，我们都要给他送葬，开追悼会。"这既体现了为人民服务者的崇高荣誉，也很好地体现了官兵一致的原则。

战争的硝烟仿佛已经离我们远去，时代发生了很大变化，人民军队建设所面临的形势和任务也发生了很大变化，但走得再远都不能忘记为人民服务的宗旨和初心。

十一

雷场英雄杜富国

"'你退后，让我来！'六个字铁骨铮铮，以血肉挡住危险，哪怕自己坠入深渊……"这是《感动中国》给杜富国的颁奖词。

2018年10月11日，在云南省麻栗坡县老山西侧坝子雷场，杜富国在扫雷行动中发现一枚加重手榴弹，他立即让同组战友退后，独自上前查明情况。突然"轰"的一声巨响，手榴弹爆炸了。生死瞬间他下意识向战友方向侧身，遮挡住爆炸冲击波和弹片，用身体护住战友，自己永远失去了双眼和双手。

12年的军旅生涯中，杜富国有过三次重要选择：第一次是参军来到云南某边防团，他原本可以一直当一名优秀的边防战士，但他却选择参加扫雷；第二次是来到扫雷队后，队长发现他炊事技术不错，有意让他当炊事员，但他选择到一线扫雷；第三次是排雷遇险时，他选择让战友退后。

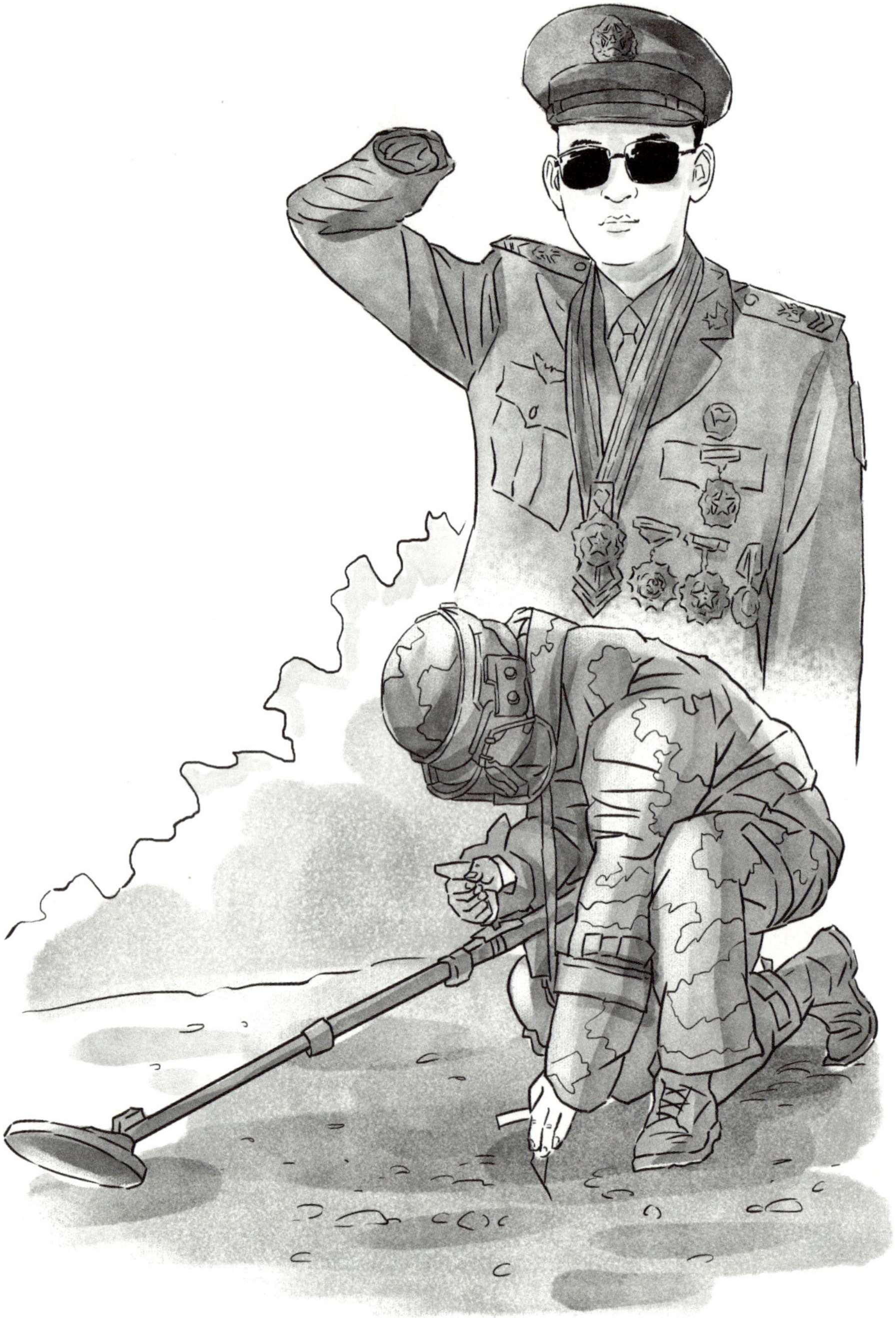

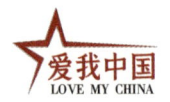

雷场英雄

扫雷兵是和平年代离死神最近的人，他们走的是"阴阳道"，过的是"鬼门关"，拔的是"虎口牙"。杜富国明知这一次次的选择意味着什么，但他为什么义无反顾？

答案写在杜富国的请战书上。2015年6月，他在给连队党支部递交的请战书上这样写道："正如我5年前参军入伍时一样，那时我思索着怎样的人生才是真正有意义有价值的。唯一的衡量标准，是真正为国家做了些什么……我感到这就是我的使命，一个声音告诉我：我要去扫雷！"

面对生死雷场，杜富国刻苦训练扫雷技能，仅3个月就熟练掌握10余种排雷方法，以优秀成绩拿到扫雷"入场券"。3年间，他先后进出雷场1000余次，累计排除地雷和爆炸物2400余枚，处置各类险情20余起，实现了从"戍边尖兵"向"全能雷神"的转变。

杜富国受伤后，生命垂危，两个手掌当场被炸飞，双眼球破裂，右眼球脱落，大腿根部至面部创伤面积达90%以上……身负重伤、严重残疾，对任何人来说都是沉重的打击，但杜富国有着超人般

的意志，这也是英雄特有的品质。三天三夜连续五次大手术，从"鬼门关"冲出来的杜富国，恢复知觉后第一反应是询问战友情况如何，提的第一个要求是："赶紧治好我的伤，我还要去扫雷！"

如何把真实伤情告诉杜富国？部队领导和专家为他制订了多套心理干预方案。然而，这些方案一套也没有用上。得知真实伤情，杜富国沉默了几秒钟，用有些颤抖的声音安慰领导和医生："我知道了，你们放心吧，我会坚强起来的！我不能扫雷了，但我还可以给人们讲扫雷的故事。"

2019年7月31日，习近平总书记为杜富国佩挂英模奖章、颁发证书，同他合影留念。他举起断臂敬了一个特殊军礼。他用这样一种坚强的方式告诉所有人，不管什么时候，他都是一名军人，都会以奋斗的姿态面对生活。

杜富国以惊人的毅力闯过一道道难关。面对痛苦，他没有唏嘘和伤感，而是顽强奋起。他要跑步，在反重力跑台上，一跑就是十公里；他要写字，用残肢夹着特制的笔，一笔一画地练；他要播音，从吐字、发声开始，跟着教学课件一字一句地学……凭着乐观向上的心态、永不言弃的韧劲，杜富国战胜了伤痛和残缺，他能自己穿衣、洗漱、叠被子、开门、跑步、用盲杖走路、用机械手吃饭。

"听众朋友们晚上好，这里是南陆之声。晚上8点，陪伴每一个身穿迷彩的你……"2020年3月8日，"富国陪你读好书"系列广播节目依托南部战区陆军微信公众号

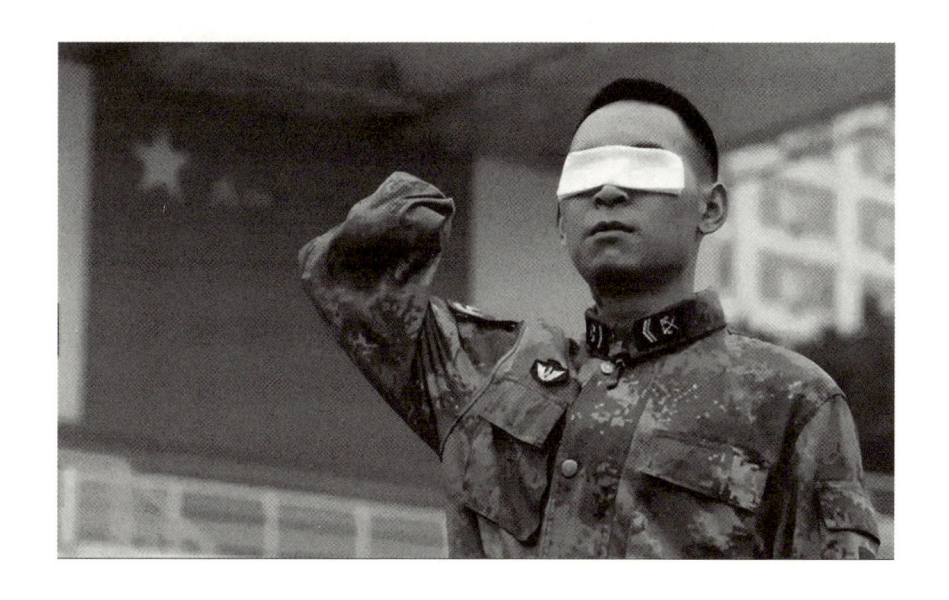

正式上线。为增强播出效果，杜富国放弃了由他人领读、自己复读、再后期剪辑的制作方式，坚持独立全文背记。

　　这几年，杜富国以实际行动助力曾经战斗过的麻栗坡县脱贫攻坚；担任重庆市特殊教育中心校外辅导员，给失明的孩子带去无限光明和力量。他先后赴北京大学、陆军边海防学院等军地单位开展宣讲30余次，结合自身成长经历话初心、谈感悟，讲述强军故事，传播"让我来"的精神，激励更多新时代追梦人奋勇前行。

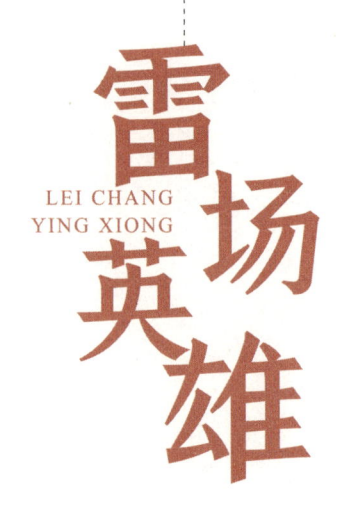

爱我中国
LOVE MY CHINA

雷场英雄
LEI CHANG YING XIONG

【延伸阅读】扫雷部队

　　昔日边境扫雷建功，今朝跨国维和扬威。从边境扫雷到跨国维和，陆军第75集团军某旅牢记"忠实履行使命、维护世界和平"的嘱托，为任务区安全稳定贡献了中国力量，向世界展示了中国军队守望和平的坚强决心。

　　2023年12月13日凌晨，一架民航飞机刺破浓浓夜色，缓缓降落在昆明长水国际机场，由陆军第75集团军某旅组建的中国第21批赴黎巴嫩维和多功能工兵分队圆满结束为期一年零四个月的维和任务，全部顺利返回祖国。

　　在这批维和官兵中，有不少人曾在祖国边境扫雷行动中立下赫赫战功。从边境扫雷转战跨国维和，官兵们牢记党和人民的嘱托，在战乱未息的黎巴嫩南部任务区，出色完成了扫雷排爆、通道开辟、工程维护等任务，安全清排雷场面积15325平方米，发现并销毁地雷2271枚。特别是今年10月以来，他们4次临危受命，成功排除任务区内掉落的未爆弹药，联黎部队司令拉萨罗中将高度赞誉中国工兵分队做出的突出贡献，分队180名官兵全部荣获联合国"和平荣誉勋章"。

"无论是祖国南疆的边境雷场，还是万里之遥的维和战场，都贯穿着牺牲奉献、都彰显着钢铁实力、都兑现着中国承诺。中国维和官兵冒着生命危险逆行冲锋，把中国军人的和平期盼，把中国人民的人道情怀，真真切切地呈现在世界面前。"作为"排雷英雄战士"杜富国的战友，某扫雷排爆大队一级上士高彬滨激动地告诉记者，"有幸参与这两次重大任务，有幸为世界和平贡献绵薄之力，是自己一辈子的骄傲。"

"越是环境艰苦、越是远离祖国，越能考验政治品格。"二级上士张广圻动情地说，无论是边境扫雷，还是国际维和，锤炼的是铁心向党的绝对忠诚，强固的是无可撼动的钢铁军魂，"在国外，党和国家的嘱托与期盼，是我们最大的精神支柱。胜利归来，我们将传承发扬'你退后，让我来'精神，再接再厉、接续战斗，继续前往南疆边境执行扫雷任务，为人民扫雷、为军旗增辉，为党和人民再建新功。"

"任务区局势紧张,有时在睡梦中就被枪炮声惊醒。"在二级上士吴寒看来,从边境扫雷到跨国维和,检验的是过硬本领,"我们以'严于平时、高于国内、强于友军'的标准,把维和作为检验练兵备战效果的'实战场',把作业场当战场,用一流成绩书写扫雷排爆'零伤亡'、通道勘测'零误差'的中国奇迹,立起了中国维和部队的崇高形象。"任务期间,联合国地雷行动中心官员评价:"中国扫雷分队是世界上最好的扫雷队伍。"

从边境扫雷到跨国维和,播撒的是和平希冀。"扫雷途中,路边的孩子们朝着中国车队敬礼,途经的村民向我们友好招手,中国官兵扫除雷患、维护和平的故事在任务区赢得广泛赞誉。"第21批赴黎维和部队指挥长严小亮告诉记者,17年来,在黎巴嫩南部的任务区,中国维和部队累计探排约200万平方米疑似雷区,排除地雷及各类未爆物2万余枚。原本被称为"死亡之地"的雷场,变成了一片片希望的原野,让冲突地区人民看到发展的前景。

和平是人类的共同愿望和崇高目标。一批批中国军人牢记"忠实履行使命、维护世界和平"的使命责任,不畏艰险、不惧牺牲,在危机四伏的雷场、在硝烟弥漫的战场,用实际行动践行"为和平而来"的庄严承诺,为推动构建人类命运共同体、建设美好和平世界不断做出新贡献。

十二

扶贫先锋黄文秀

黄文秀，出生于广西壮族自治区百色市田阳区巴别乡德爱村多柳屯，2016届广西定向选调生、北京师范大学哲学学院2016届思想政治教育专业硕士研究生。生前系广西壮族自治区百色市委宣传部副科长、派驻乐业县新化镇百坭村第一书记。

2018年3月26日，黄文秀来到广西壮族自治区百色市乐业县新化镇百坭村担任驻村第一书记。2019年6月17日凌晨，黄文秀从百色市返回乐业县的途中遭遇山洪，因公殉职，年仅30岁。

黄文秀的家庭并不富裕，父亲身患重病，但黄文秀总是乐观开朗、积极向上。北京师范大学硕士毕业后，黄文秀回乡工作，2018年担任广西壮族自治区百色市乐业县百坭村的驻村第一书记。

她刚上任时，发现现实情况比想象的更复杂：该村贫

爱我中国
LOVE MY CHINA

扶贫先锋

困发生率22%，是深度贫困村。百坭村建档立卡贫困户分散居住在几个不同的山头，对于她这个不熟悉地形的"新手"来说，要在最短时间内掌握全村贫困户的详细情况，是非常困难的。但她没有失去信心，仍然坚持深入开展群众工作，常常帮贫困户家扫院子；贫困户不让她进家门她就去两次、三次；贫困户不在家，她就去田里，边帮他们干农活边聊天。时间久了村民们见她见得多了，开始慢慢地接受她。经过两个月的摸底，她基本掌握了全村概况，百坭村共有472户2068人，建档立卡贫困户195户883人，2017年未脱贫154户691人，因学致贫和因残、因病致贫占比最高。驻村一年，她把全村所有的贫困户访了一遍又一遍，在"扶贫心得"中她写道："在我驻村满一年的那天，我的汽车仪表盘的里程数正好增加了两万五千公里，我简单地发了一个朋友圈：'我心中的长征，驻村一周年愉快'"。

黄文秀深知群众要脱贫，增收是硬道理，村经济发展了，人民群众的收入提高了，驻村扶贫的作用才能充分体现出来。

到村里开展工作后，她带领村"两委"一班人通过外出考察学习、请技术专家到现场指导、挨家挨户宣传发动、党员带头示范种植等方式，带动村集体经济取得了快速的发展。仅仅一年时间，全村种植杉木从原来的8000余亩发展到20000余亩，砂糖橘从1000余亩发展到2000余亩，八角从600余亩发展到1800余亩，另外种植优质枇杷500余亩。种植产业已经成为百坭村的支柱产业和群众脱贫致富的主要来源。仅2018年，就通过建立电商服务站，帮助全村群众销售砂糖橘4万多斤，销售额达22万元左右，为30多户贫困户创收，每户增收2500元左右。2018年，百坭村103户贫困户顺利脱贫88户，贫困发生率从她上任时的22.88%降至2.71%。

她还坚持扶贫与扶志相结合，注重乡风文明建设，成立"乡村振兴、青年作为"小志愿者服务队，开展村规民约吟诵比赛和文明家庭评选活动。百坭村获得百色市2018年度"乡村文明"红旗村荣誉称号。

黄文秀认识到，作为第一书记，要注重加强党支部自身的战斗力、凝聚力和创造力，努力在扶贫攻坚中发挥战斗堡垒作用。为此，黄文秀以乐业县开展的村干部职业化管理工作为契机，大抓基层党组织建设。她走访了百坭村的38名党员，充分征求党员对全村发展的意见建议，并将他们划分为3个党小组，方便党员参与各类活动，并经常列席指导各小组的活动。同时，她积极将"三会一课"等党内组织生活融入扶贫工作中，扎实推进党建促脱贫工作，党内政治生活得到进一步规范。

从驻村工作开始，她兢兢业业、任劳任怨，经常加班加点，从不因为节假日或周末而放松工作要求，一年到头都是埋头苦干，高质量、高标准完成工作。为了让百坭村早日脱贫，她舍小家为大家，家人患重病住院动手术，她没能时时在身边照顾，村里大小事务却总能见到她忙碌的身影。她没能把自己的家人照顾好，却把村里的贫困群众照顾得非常周到。

2019年6月中旬，持续多天的暴雨冲毁了百坭村部分灌溉渠，村民培育好的水稻秧苗迟迟无法移种进稻田里，黄文秀十分焦急。6月14日是周五，黄文秀和其他村干部分头勘查后，确定了被冲毁水渠的损毁情况以及维修所需费用。大家商量决定在下周一乐业县扶贫工作会议上向领导详细汇报，以尽早帮村民解决灌溉渠损毁问题。6月16日，为了保护村里群众的生命财产安全，早点回村部署抗洪，她顾不得和自己身患重病的父亲过父亲节，连夜赶回百坭村。晚上11点，暴雨越下越大，通往乐业县的山路被突发的山洪淹没。在黄文秀拍摄的视频中，前方的路面已深陷积水之中，黄文秀在车中进退两难。但她选择了继续前行，前方还有等待她的村民们。在途经凌云县时黄文秀遭遇山洪失联，6月18日搜救人员在下游河道发现几具遗体，经指纹比对，黄文秀被确认不幸牺牲。

2019年6月，习近平总书记对黄文秀同志的先进事迹作出重要指示；7月1日，中央宣传部追授黄文秀"时代楷模"称号；7月17日，中华全国总工会追授黄文秀同志"全国五一劳动奖章"；9月，黄文秀获第七届全国道德模范"全国敬业奉献模范"，被追授"最美奋斗者""全国优秀共产党员"称号。2020年5月17日，被评为"感动中国2019年度人物"。2021年2月25日，被追授"全国脱贫攻坚楷模"称号；同年6月29日，中共中央追授黄文秀"七一勋章"。

　　黄文秀同志坚守初心、对党忠诚、心系群众、担当实干，品德高尚、克己奉公，知重负重、坚韧不拔，用生命诠释了一名共产党员应有的价值追求和使命担当，是新时代中国特色社会主义思想的坚定信仰者和忠实践行者，是新时代共产党员不忘初心、牢记使命、永远奋斗的典范。

扶贫先锋
FU PIN XIAN FENG

【延伸阅读】脱贫攻坚精神

百年以来，从伟大斗争中提炼伟大精神并引领新的伟大斗争，是我们党的优良传统。这场史无前例、举世瞩目的脱贫攻坚伟大斗争，不仅取得了近1亿人脱贫的伟大成就，也铸就了激励14亿人继续乘风破浪前进的伟大精神成果。"上下同心、尽锐出战、精准务实、开拓创新、攻坚克难、不负人民"的脱贫攻坚精神，激励了党和人民取得划时代的伟大成就，创造了"人民至上"执政理念下的中国奇迹。

党的十八大以来，习近平总书记倾注精力最多的是扶贫工作，先后7次主持召开中央扶贫工作座谈会，50多次

调研扶贫工作，走遍14个集中连片特困地区，并提出一系列新思想、新观点，形成了中国特色反贫困理论，深化了对减贫规律的认识，为人类减贫事业贡献了可资借鉴的宝贵经验和深刻启示。

闻令而动、全力而行，广大扶贫干部冲锋在前。在"三位一体"大扶贫格局下，各级各类各地帮扶单位都积极选强配优扶贫干部，把政治素质高、业务能力强、热爱扶贫工作的优秀干部选派到脱贫攻坚第一线。自2013年向贫困村选派第一书记和驻村工作队以来，截至2020年底，全国累计选派25.5万个驻村工作队、300多万名第一书记和驻村干部，每年保持近100万人在岗开展驻村帮扶，同近200万名乡镇干部和数百万名村干部一道奋战在扶贫一线。扶贫干部是脱贫攻坚的"生力军"，与当地干部一起汇聚起战胜贫困的磅礴力量。

党中央团结带领全国各族人民8年攻坚，实现了现行标准下9899万农村贫困人口全部脱贫，28个人口较少民族全部整族脱贫，832个贫困县全部摘帽，12.8万个贫困村全部出列，区域性整体贫困得到解决，创造了近1亿人脱贫的规模奇迹。脱贫攻坚战的全面胜利，深刻印证了"人民至上"是中国共产党执政的价值追求。

后 记

为适应《中华人民共和国爱国主义教育法》颁布实施的新形势，满足社会各界特别是学校开展爱国主义教育的新需求，进一步帮助广大青少年夯实爱国、报国的思想根基，济南出版社特别组织出版骨干力量，在深入调研和充分论证的基础上，推出"爱我中国"系列丛书（全四册）。该套图书精选不同历史时期具有代表性的革命故事、英模事迹、建设成就，以"爱国故事＋延伸阅读＋绘图照片"的形式呈现，力求事理结合、文图兼备、通俗易懂，贴近青少年学习阅读习惯。书中那些改天换地的励志故事、扭转乾坤的铁血抗争、以身许国的赤子情怀、奋进图强的壮丽画卷，都在迸发着"爱我中国"的磅礴力量。

丛书的编撰工作得到国家机关和山东省、济南市宣传教育主管部门的有力指导，得到社会各界的热情支持，得到《雷锋》杂志社、山东省关心下一代工作委员会、山东省立德树人学会、山东孙子研究会等单位的重视帮助。陆继秋、张宁、宋贞贺、张修岩、李国良、秦冲参与研究策划与文稿整理，刘灿校、李国启、仇安、王建勇、张修蒙等参与书稿阅校。在此一并表示诚挚谢意！

编 者

2024 年 6 月

图书在版编目（CIP）数据

爱我中国. 奋进强国 / 张振江编著. -- 济南：济南出版社，2024.8（2025.5重印）. -- ISBN 978-7-5488-6579-7

Ⅰ. D647-49

中国国家版本馆CIP数据核字第2024UX3130号

爱我中国——奋进强国
AI WO ZHONGGUO——FENJIN QIANGGUO

张振江　编著

出 版 人　谢金岭
图书策划　李　岩
责任编辑　姜　山　魏　蕾　张　珣
装帧设计　张　金

出版发行　济南出版社
地　　址　山东省济南市二环南路1号（250002）
总 编 室　0531-86131715
印　　刷　济南新先锋彩印有限公司
版　　次　2024年8月第1版
印　　次　2025年5月第2次印刷
开　　本　165mm×230mm 16开
印　　数　6001-9000册
印　　张　7
字　　数　64千字
书　　号　ISBN 978-7-5488-6579-7
定　　价　32.00元

如有印装质量问题　请与出版社出版部联系调换
电话：0531-86131736

版权所有　盗版必究